MONTESSORI
EARLY EDUCATION GAMES IN FAMILY

蒙台梭利早教在家庭

0~6岁
儿童优秀性格训练

蒙台梭利丛书编委会◎编译

中国妇女出版社

图书在版编目（CIP）数据

0～6岁儿童优秀性格训练 / 蒙台梭利丛书编委会编译. -- 北京：中国妇女出版社, 2018.1
（蒙台梭利早教在家庭）
ISBN 978-7-5127-1542-4

Ⅰ.①0… Ⅱ.①蒙… Ⅲ.①性格—培养—学前教育—教学参考资料 Ⅳ.①G613

中国版本图书馆CIP数据核字（2017）第275626号

0～6岁儿童优秀性格训练

作　　者：蒙台梭利丛书编委会　编译
插画作者：花蕾动漫
图片提供：123RF.com.cn
责任编辑：王　琳
封面设计：尚世视觉
责任印制：王卫东
出版发行：中国妇女出版社
地　　址：北京市东城区史家胡同甲24号　　邮政编码：100010
电　　话：（010）65133160（发行部）　　65133161（邮购）
网　　址：www.womenbooks.cn
法律顾问：北京天达共和律师事务所
经　　销：各地新华书店
印　　刷：北京中科印刷有限公司
开　　本：170×235　1/16
印　　张：12
字　　数：100千字
版　　次：2018年1月第1版
印　　次：2018年1月第1次
书　　号：ISBN 978-7-5127-1542-4
定　　价：39.80元

PREFACE

前　言

玛丽亚·蒙台梭利，意大利第一位女医学博士，20世纪享誉全世界的杰出幼儿教育家。她在实验、观察和研究的基础上，创办了“儿童之家”蒙台梭利学校，给世界教育带来具有变革意义的蒙氏幼儿早期教育法，并迅速风靡了整个西方世界，对欧美国家的教育和社会发展有着深刻的影响。她提出了儿童发展敏感期、有吸收力的心灵、儿童在“工作”中成长等一系列对今天的早期教育仍然影响深远的理论。

蒙台梭利认为，儿童都是渴望游戏的，因为游戏是他们认识世界的途径。如果儿童的全部精神力量都专注于功课，他们的生活就会变得枯燥乏味。儿童应该学习知识，但首先应该有多方面的兴趣、要求和愿望。儿童有一种与生俱来的“内在生命力”，而教育只是为了促进儿童“内在潜能”的发挥。因此，成人不能压制儿童的发展，更不能干涉他们的自由行动，而要顺应儿童的天性，让其在游戏中成长。

到目前为止，蒙台梭利的著作被翻译成30多种文字，蒙台梭利学校遍及110多个国家和地区。在中国，以蒙氏教育为基础创立的早期教育机构和幼儿园，受到越来越多父母和儿童的喜爱与信赖。

为了传播蒙台梭利早教理念，帮助家长抓住孩子珍贵的敏感期，全面开发孩子的潜能，我们策划出版了这套“蒙台梭利早教在家庭”系列丛书。本套书包括优秀性格、感觉能力、语言能力、数学能力这4个主题的游戏训练，所有游戏都源自蒙氏原著，并结合当下儿童成长的环境和实际需要进行了适当调整，可以说是为中国儿童量身打造的蒙氏早教游戏训练，以期让父母与孩子轻松体验蒙氏教育的奇妙。

READING GUIDE

阅读指导

性格训练是蒙氏教育的重要组成部分。《0～6岁儿童优秀性格训练》收录了有关蒙台梭利对儿童性格训练的独到见解，并分别从意志与自主纠错、秩序与纪律、交友与合作、精神与道德、性格与心理5个方面对其精髓进行了游戏化阐释。通过这些经典游戏，有效帮助孩子养成优秀性格。

另外，对于本套书的使用，有如下几点提请父母注意：

1 本套书将游戏的难度按照孩子的一般发育情况进行了标注，但0～6岁的孩子个体差异较大，相同年龄段的孩子可能会有不同表现。一般情况下，家长不用为孩子不能很好地完成某个训练而过分担心。

2 不要让孩子一个人完成这些训练。父母可以根据“听一听蒙台梭利怎么说”中的指导有侧重地引导孩子，并根据孩子完成游戏训练的情况选择是否进行“游戏拓展”部分的练习。在练习的过程中，务必关注孩子的动态，保证孩子的安全。

3 本套书的训练目的在于提高孩子的综合能力，为进入学校学习打下夯实基础，4个主题互为补充，可以有效促进孩子全面发展。

目录 CONTENTS

Part 01

意识与自主纠错 让孩子认识自己

Part 02

秩序与纪律 让孩子适应环境

Part 03

交友与合作 让孩子融入集体

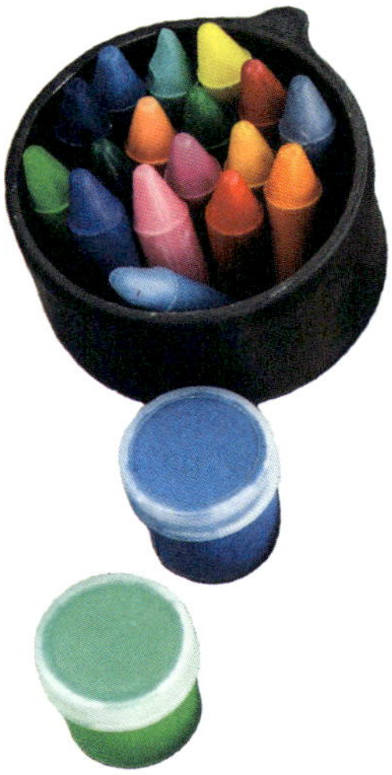

Part 04

精神与道德 让孩子完善自我

Part 05

性格与心理 让孩子走上正轨

PART 01

意识与自主纠错

让孩子认识自己

MONTESSORI
EARLY EDUCATION
GAMES IN FAMILY

听一听
蒙台梭利怎么说

孩子应当有自己的意志

假若不让条理性和清晰性在头脑中生根，而是让孩子的思维处于一片混乱之中，尤其是让他们去背诵一堆课文，都只会妨碍孩子的成长，妨碍孩子自己做决定，使他们的意志无法得到发展。采用这种方式的教师还为自己辩解："孩子不应当有自己的意志。"在发表这样的言论时，这些教师倒是诚实的，因为他们在教育孩子的时候，从来就没有考虑过孩子发自内心的"我想要"的要求。这样的教育将带来不堪设想的后果，他们其实是在妨碍孩子初期的意志发展。这种氛围使孩子感受到有一种力量在控制他们的行为，让他们变得胆小，甚至在没有得到他们依赖的人的同意和帮助的时候，他们连一点儿承担责任的勇气都没有。

一次，一位女士故意问一个孩子："樱桃是什么颜色的？"那个孩子本来知道樱桃是红色的，可让人想不到的是，这个提问让这个胆小的孩子非常紧张。他犹豫而惶恐，不知怎样回答才好，最后他只是喃喃地说："我去问老师。"

一个人身上最重要的一种机能就是为做决定而准备的意志机能。它非常有价值，一定要把它建立起来，并不断强化它。病理学进行了一定的揭示，这种意志机能与意志的其他因素有很大差别，它像支柱，支撑着人的人格。

对意志进行训练

要想让意志在身体有效完成任务的时候体现出它的价值，我们就要对它进行一些训练，这对于培养儿童行为的精确性是非常必要的。大家都知道：没进行过基本功的训练，我们就不可能会跳舞；没进行过手的动作训练，我们就不可能会弹奏钢琴；而这些基本的动作协调运动以及理解力的培养一定要从婴儿时期就开始。

在纯粹的生理作用的过程中，人的肌肉并不是在以相同的方式进行运动，而是采用了两种毫不相同的方式。比如，有的肌肉伸展，有的肌肉收缩，才能使人的胳膊得以活动；有的肌肉拉伸，有的肌肉蜷缩，才能使人蹲下或起立。可以看出，这些肌肉所采取的行动常常具有对抗性的特点，而我们身体所展现的每一个动作都是这些具有对抗性的肌肉互相合作来实现的。在运动中，不同的肌肉通过合作发挥作用。正是通过各肌肉之间的这种合作，我们才能完成那些了不起的动作——刚劲而有力、优美而大方、雅致而舒展的动作。它也使我们具有高雅的身体姿态，而且还可以创造出跟音乐旋律匹配的动作。

为了让这些具有对抗性的肌肉可以默契地配合，就要进行动作方面的训练。需要注意的是，当我们对儿童进行动作方面的训练时，必须在其具备了自然的动作协调能力之后才能够进行。此后，我们还可以进行一些运动和舞蹈等特殊动作的训练。如果你想让孩子的动作协调起来，你就必须不断地对其进行这些动作的训练。不管是优雅大方、轻巧灵活的动作，还是充满生命力的动作，都需要不断地进行训练才能完善。

在这些方面，意志理所当然能够起到作用，比如，你会希望自己致力于运动、舞蹈、防身术或者参加比赛等。运动总是随意的，不管是最初为了“肌肉协调”而进行的运动，还是后来设计或创造的一些更加高级的协调技巧。简单地说，意志就像一名指挥员，在指挥着一支有组织、有纪律、有技术的部队。

为了使孩子建立起能动性，人们不会让孩子完全处在静止不动的状态中，更不会用胶布把他的四肢粘住，使他的肌肉萎缩甚至瘫痪。可是，我们也不能只向孩子讲述那些关于小丑、杂技演员、拳击冠军和摔跤运动员的故事，用那些来刺激他，使他产生模仿这些人的强烈愿望。很明显，这种行为是荒诞的。

事实上，我们还做着一些更加荒诞的事情。我们想要培养孩子的意志，而我们的行为往往适得其反，或者试图使它消除，甚至把它扼杀，这必定会妨碍孩子的意志发展。我们总是用自己的意志去代替孩子的意志。我们还会按照自己的意志让孩子静止不动或者不断地走动。不仅这样，我们还为孩子做选择，为孩子做主。到了这样的地步，我们才能心满意足，还用充满训诫的口吻说：“意志就是行动。”此外，我们还用寓言的模式向孩子灌输一些英雄人物和意志坚强的伟人的故事，认为只要让他们模仿这些人的行为，他们就能够产生强烈的竞争意识，就能够创造出奇迹。

上小学一年级时，我遇到一位特别爱我们的“好”老师。她叮嘱我们坐在座位上，一动也不要动。她自己累得面色苍白，筋疲力尽，却还一直对我们不停地讲。为了激励我们，她让我们尽量去模仿那些杰出的女性，尤其是“女英雄”，还要求我们牢牢地记住这些人的生平。为了把我们教育得出人头地，她要求我们大量地阅读名人的传记，希望我们能意识到，成为女英雄并不是不可能实现的，因为这个世界上有这么多的女英雄。她所付出的所有努力都是要告诫我们：“你也应当努力地让自己出名！”“难道你不希望出名吗？”有一天，当有人这样问我的时候，我冷冷地回答：“哦，不！我决不会这样做。我关心孩子的将来胜过一切，我不会再把其他人的传记列到课程表中。”

从世界各地来参加国际教育和心理会议的教育学家们曾经共同发出了下面的悲叹：年轻人“缺少个性”，这已经构成了对人类的极大威胁。但是，以我的观点来看，现在的问题并不是人类缺乏个性，而是学校摧残了孩子的身体，削弱了孩子的意志。我们需要采取的行动是解放他们，这样孩子身上的潜力就能够得到发展。

发挥意志的作用

一个更高层次的问题是，我们应该怎样发挥坚强意志的作用。意志的发挥必须依赖于意志已经得到发展且变得足够坚强。人们经常用一个例子来教育孩子崇尚意志的力量。

维托里奥·阿尔费里到了晚年依然坚持着自学。他凭借极大的毅力克服了学习初始阶段的单调和乏味。虽然当时他已经进入社会名流的行列，但他仍然努力地坚持着学习拉丁语，成为世界著名的文学家。而且，他还靠着自己的热忱和天赋，成为一位伟大的诗人。在谈到他是怎样实现这个转变的时候，他说的那句话成为在意大利经常被教师引用的名言："我坚持，不懈地坚持，全力以赴地坚持。"

在做出这个令自己的人生产生转变的重大"决定"之前，维托里奥·阿尔费里不过是社交界里贵族夫人的玩物，并以任性出名。后来他意识到，如果自己再这样继续充当别人的感情奴隶，他将会把自己毁掉。正是这种内在的冲动激发了他，使他想要提高自己。

但是，正当阿尔费里感到自己能够成为一位伟大的人物，全身充满了无限潜力的时候；正当他准备发挥这些力量，听从它们的召唤，把自己的一生交付给它们的时候，一位夫人派人送来了香气四溢的请柬，于是他又回到了戏院的包厢，和贵妇人厮混在一起，白白地浪费了晚上的大好时光。可以说，他出师不利，刚刚下定决心，他抵御诱惑的意志力就被这位夫人的吸引力打败了。但是，当他在戏院里看那些无聊的戏剧时，他感到非常愤怒，也非常苦恼。那段时间给他带来了极大的痛苦，以至于他最后竟然对身边这位迷人的夫人产生了憎恨的感觉。

于是，阿尔费里决定采取具体行动，就是在他与权贵之间设立出一道不可超越的障碍。他坚决地把象征着他高贵出身的粗发辫剪掉。没有了辫子，他就会为此而害羞，不再出门了。然后，他又用绳子将自己捆在了椅子上。虽然他坐在椅子上仍然心神不定，几乎连一行字也看不进去，尽管他还是特别想到他的心上人那里去，但是因为他的身体不能动弹，头上的发辫也没有了，他就只好静静地待在屋子里面。

靠着那句“坚持，不懈地坚持，全力以赴地坚持”，维托里奥·阿尔费里才使自己得到了自由，并把自己从无所作为和沉沦毁灭的深渊中拯救出来，最终成了一位千古留名的伟人。

我们希望通过意志教育带给孩子的就是这样的东西。我们希望他们将自己从令人类堕落的虚荣心中拯救出来，专心致志，充实地生活，从事伟大的事业，奋斗下去，从而成为一位伟人。

让孩子在潜能中发展自己的意志

需要注意的是，这种充满爱的热情和希望，常常容易让我们去庇护孩子。这样对他的成长没有好处。难道孩子就没有能力拯救自己吗？有！孩子全心全意地爱着我们，用他们小小的心灵所具有的包容的热情感染着我们。不只是这样，他们还有一种可以控制自己内心生活的东西，那就是自我发展的潜能。

这种潜能会引导孩子去触摸并熟悉一些东西。而我们是怎么做的呢？我们对孩子说："别碰！"孩子到处跑动，是为了可以走得更稳健，而我们却对孩子大吼："别跑！"孩子向我们提问题，是想要获得知识，可我们却会不耐烦地回绝孩子："别烦！"就像戏院包厢里的那位可爱的夫人对待阿尔费里一样，我们只是把孩子放在身边，看管着他，让他听话，给他几件他根本不喜欢的玩具。而他们的感觉也会像阿尔费里感到无聊后所想的一样：为什么我深爱的人想把我毁掉？为什么她要用任性来让我感到痛苦？难道这只是因为我爱她？！

所以，孩子如果要拯救自己，就一定要有像维托里奥·阿尔费里那样坚强的心，但孩子通常都不具备。我们常常发现不了孩子成了牺牲品，也意识不到我们在毁掉他。我们凭借拥有的权利，用命令去要求他这样做、那样做。我们一方面热切地期待着孩子能够长大成人，可另一方面我们却又不让孩子成长。

很多父母在读维托里奥·阿尔费里的故事时可能会想，他们的孩子会更加有出息，因为他们的孩子不需要自己去设置障碍（比如剪头发、用绳子把自己捆在椅子上等）而抵制诱惑。他们希望孩子依靠一种精神力量来抵御诱惑。富于幻想的父亲肯定不会问自己：为了让孩子变得坚强，为了让孩子达到更高的精神境界，我都做了什么事情。他很可能正是摧残儿子的意志、使儿子完全服从自己意志的人。

我呼吁，天下的父母和教育工作者们，不要阻碍儿童的发展，你们的主要任务是保护和指导儿童能力的发展。

抓住小手帕

激发主动性

难度指数

★☆☆☆☆

游戏目的

激发孩子的主动性

游戏准备

干净、柔软的手帕若干条，最好颜色各异

游戏步骤

1.拿一条小手帕在孩子面前慢慢移动，让孩子伸手去抓。

2.当孩子做出抓取的动作并将手帕抓住后，不要急于将手帕抽走，让孩子主动揉一揉、搓一搓，体会一下手帕的手感。

3.当孩子能够轻松抓取手帕后，可以增加手帕的数量，将孩子的两只手调动起来。

4.根据孩子的表现逐步增加手帕数量，手帕的颜色也要各不相同，注意观察孩子对哪种颜色的手帕最感兴趣。

游戏小贴士

◆ 如果孩子没有抓手帕的意识，父母可以将手帕换成孩子感兴趣的物品，以便激发孩子的主动性。

◆ 这个游戏除了能够培养孩子的主动性外，还能训练孩子双手的灵巧性，并激发他的色彩感官能力。

游戏拓展

在小宝宝面前晃一晃这张图，激发宝宝的主动性，让他伸手去够小星星。

选择哪一个

练习自主选择

难度指数

★☆☆☆☆

游戏目的

激发孩子的自主意识，练习自主选择

游戏准备

一些不同的物品，如玩具、画册、帽子、水杯等

游戏步骤

1.将这些物品摆放在孩子面前，让他从中任意选择一样东西。父母可以对孩子说“宝贝，你喜欢哪一个，把它挑出来”，并仔细观察孩子拿到物品后的表现。

2.将孩子挑出来的物品混在其他物品中，再次让孩子选择，同时观察孩子的表现。

3.用不同的物品反复练习，让孩子学会选择。

游戏小贴士

◆ 这个游戏非常适合1岁左右的孩子玩，既可以提高孩子的自主选择能力，而且还能够扩展孩子的生活认知。

◆ 当孩子对这个游戏熟悉后，父母还可以让孩子同时选择两种或更多物品，让孩子的选择变得有目的性。

橡皮泥变身

训练耐心

难度指数

★★☆☆☆

游戏目的

提高孩子的动手能力，训练孩子的耐心

游戏准备

一套彩色橡皮泥

游戏步骤

1.让孩子观察一下身边的物品，选定一个对象，然后用橡皮泥捏出来。

2.让孩子独自完成制作，父母只提供引导性建议即可，不要动手帮孩子完成。

3.当孩子做完一个模型后，要给予孩子一定鼓励。如果孩子兴趣正浓，父母可以让孩子根据自己的喜好继续制作其他物品。

游戏小贴士

◆ 父母可以和孩子一起玩这个游戏，或者让孩子和小伙伴一起玩，这样既能增加游戏的趣味性，还可以增进孩子和家人、朋友的感情。

◆ 在孩子制作过程中，父母不要随意打断孩子的进程，以免削减孩子的积极性。游戏结束后，请孩子将橡皮泥整理好，并认真清洗双手。

图片拼一拼

勇敢面对困难

难度指数

★★☆☆☆

游戏目的

调动孩子的思维，让孩子学会克服困难

游戏准备

两张一模一样的卡通图片，图片内容不要太复杂，最好是孩子感兴趣的

游戏步骤

1.将其中一张图片裁成大小相同、形状规则的小图片，然后将这些小图片打乱顺序。

2.将完好的图片交给孩子，让他一边观察一边把混乱的小图片拼好。

3.当孩子顺利拼出后，将完整的图片收起来，再次打乱小图片，然后让孩子在没有参考图的情况下拼图，直到拼好为止。

游戏小贴士

◆ 如果孩子在拼图的过程中遇到困难，父母可以鼓励孩子并给予一定的指导和帮助，但是不要动手替他拼，那样就达不到训练目的了。

◆ 父母可以根据孩子的表现适当增加游戏难度，如选择场景丰富的图片，或者将图片裁成不规则的形状，这样能够进一步提升孩子克服困难的能力。

游戏拓展

观察下面的卡片，将一样的连上线。

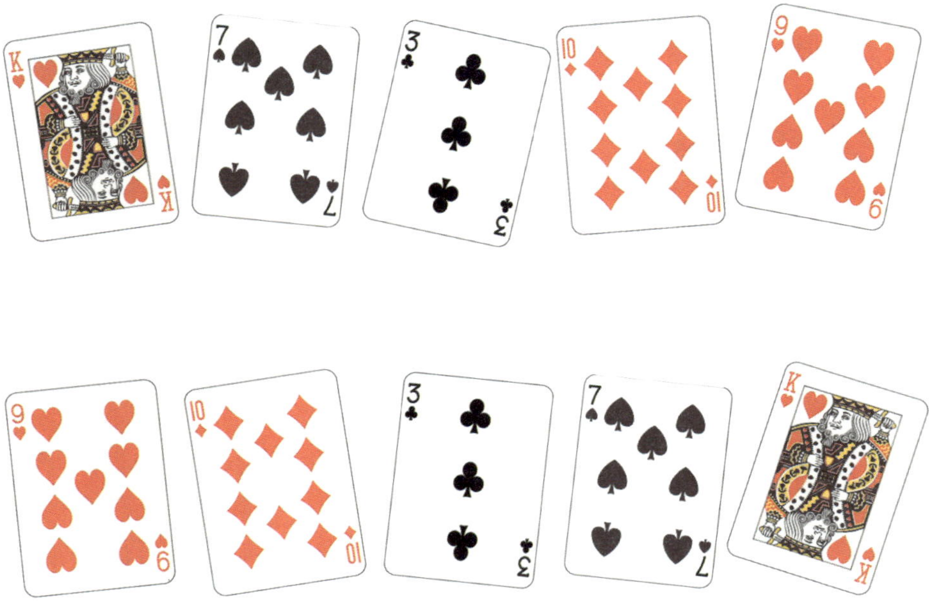

从头到尾

挖掘坚强意志

难度指数

★★★☆☆

游戏目的

让孩子养成善始善终的好习惯，发掘孩子坚强的意志

游戏准备

1. 若干3种颜色的、带孔洞的珠子，例如红、黄、蓝，每种颜色的珠子孔洞大小不同

2. 一卷线，线的粗细要以能从孔洞最小的珠子中穿过为准

游戏步骤

1.先让孩子穿一颗孔洞最大的珠子，然后是一颗孔洞中等的珠子，最后是一颗孔洞最小的珠子。

2.让孩子按照孔洞大、中、小的顺序依次来穿珠子，直到孩子将所有的珠子穿完为止。

3.让孩子将穿好的珠子首尾相连，系在一起，然后放回盒子，并将所有的物品整理好。

游戏小贴士

◆ 多准备一些珠子，尤其是孔洞最小的珠子，这样可以增加游戏难度，磨炼孩子的意志力。

◆ 如果孩子在中途想要放弃，父母要及时给予鼓励，让孩子将所有的珠子穿完；如果孩子无法将线从珠子中穿过，父母也不要出手帮忙，而是让孩子自己想办法解决。

游戏拓展

将图中的珠子用一条线连起来。

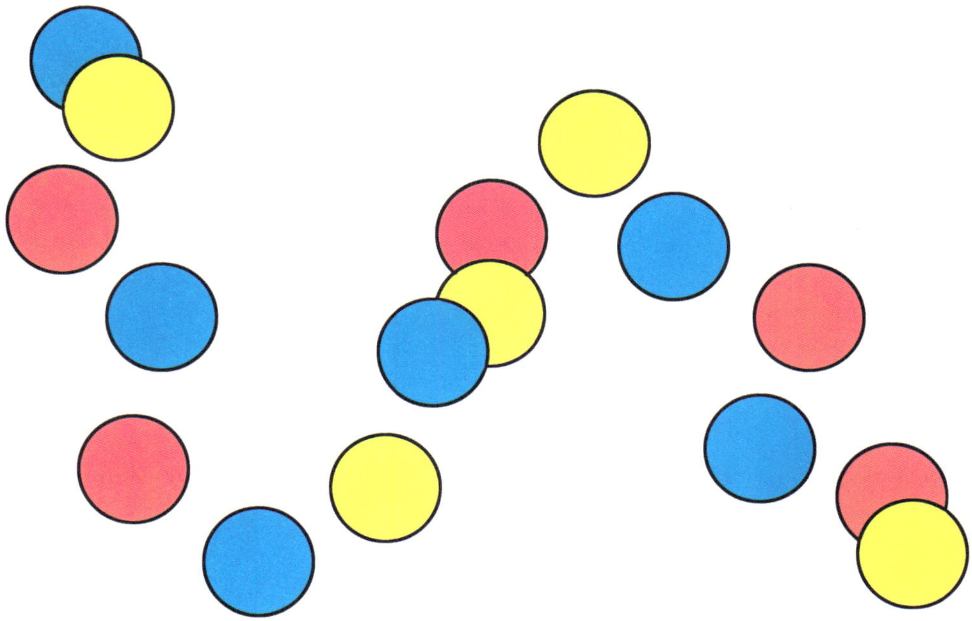

我画你猜

全面提升意志力

难度指数

★★★☆☆

游戏目的

发掘孩子的潜能，全面提升孩子的意志力

游戏准备

1. 一套彩笔

2. 几张白纸

游戏步骤

1.模仿身边的物品，在纸上画一些简单的图案，如圆形、正方形、长方形等。

2.让孩子发挥自己的想象力，猜一猜这些图案像什么，然后让孩子仔细观察身边的物品，看看能不能找出形状相似的物品。

3.用不同颜色的笔，模仿身边的物品画一些比较复杂的组合图形，让孩子发挥想象力猜测它们是什么。

4.可以和孩子互相交换角色，孩子来画，父母来猜。

游戏小贴士

◆ 无论孩子猜测的物品是什么，都让他说一说自己的理由，这样有助于激发孩子的潜能。

◆ 游戏结束后，让孩子亲自触摸、认识身边的事物，加深孩子的认知能力。此外，在平时的生活中，尽可能让孩子主动接触周围的事物，不要刻意束缚孩子。

游戏拓展

仔细观察以下图形，猜一猜它们是什么。

给卡片配对

在练习中认识错误

难度指数

★★★☆☆

游戏目的

通过配对，让孩子发现错误、认识错误

游戏准备

两套扑克牌

游戏步骤

1.从其中一套扑克牌里挑选出10张牌（要保证4种花色都被选到），然后将其他牌混杂在一起。

2.将10张扑克牌交给孩子，让他从混杂的牌中挑选出正确的花色与数字，和手中的牌配对。

3.当孩子给牌配好对后，父母搭配剩下的牌，并故意将数字相同但花色不同的牌两两搭配，或者将花色相同但数字不同的牌配对，但其中要混有搭配正确的牌。

4.让孩子从中选出搭配正确的牌，同时说一说其他牌错在了哪里。

游戏小贴士

◆ 在刚开始玩这个游戏时可以不用全套的牌，只取其中一部分就可以。根据孩子的表现，逐步增加牌的数量，慢慢提高游戏难度。

对比找不同

提高辨别错误的能力

难度指数

★★★★☆

游戏目的

通过对比分辨错误，同时提高观察力

游戏准备

两套形状相同，但个别颜色有差异的积木

游戏步骤

1.用两套积木分别摆两个场景，要求场景大体相同，但其中一些细节稍有不同，如某个积木的颜色不一样，或某处所用的积木大小、形状不同。

2.以其中一组积木为主，让孩子认真观察另一组积木，找出它有哪些地方与第一组积木不同。

游戏小贴士

◆除了积木，父母还可以用生活中其他比较常见的物品来做这个游戏，这样还可以引导孩子认识生活中的其他事物。

◆起初，游戏场景布置得简单一些，然后根据孩子的实际表现慢慢丰富场景，逐步提升游戏难度。

◆做完游戏后，提醒孩子将所有物品整理好，养成良好的生活习惯。

游戏拓展

找出与西西所戴的一样的帽子，并用笔圈出来。

按命令行事

学会分辨错误

难度指数

★★★★☆

游戏目的

让孩子学会分辨错误，提高自主纠错能力

游戏准备

将事情正常的发展过程告诉孩子，让他对正确的事有所了解

游戏步骤

1.设置一个带有明显错误的指令，如“将窗帘拉上，让阳光照进屋子里”“将水杯里的脏水倒掉，然后盖上盖子，接一杯干净的水”，等等。

2.把指令传达给孩子，不要给孩子任何提示，让他独自思考、行动。

3.如果孩子发现了错误，并提出了疑问，父母要及时改正，然后再鼓励孩子按照正确的命令行事。

游戏小贴士

◆ 这个小游戏很随意，可以随时用来在日常生活中与孩子互动，这样更有助于提高孩子的纠错能力。

◆ 父母可以设置一些简单的指令，让孩子反复练习，这样能收到良好的效果。如果孩子没有意识到命令中的错误，也不要指责或惩罚孩子，以免打消孩子的积极性。

游戏拓展

仔细观察一下，看看每排中哪一个图案是反的。

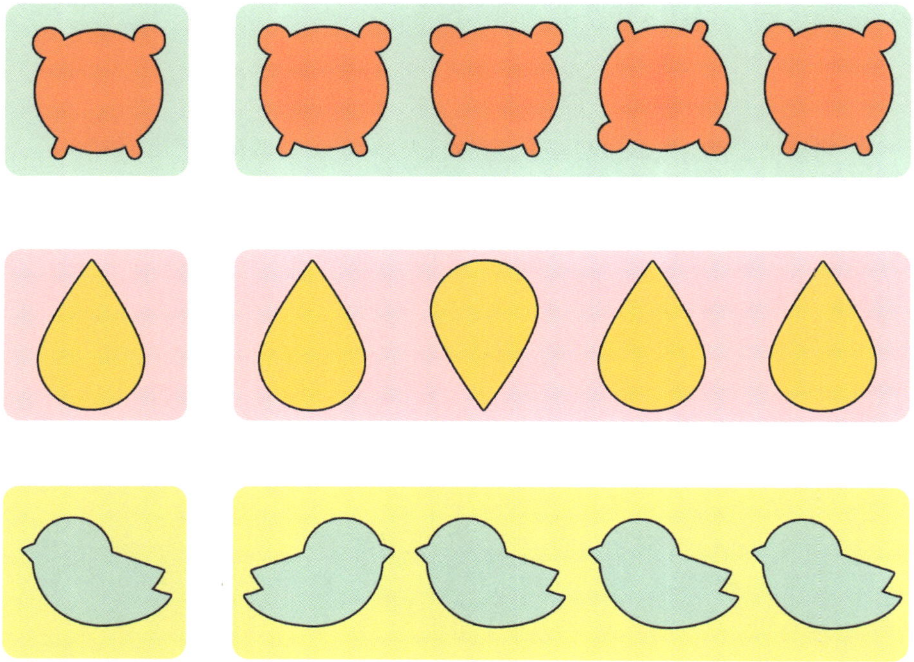

我是小老师

能够主动改正错误

难度指数

★★★★★

游戏目的

让孩子学会主动改正错误

游戏准备

一些认知卡片

游戏步骤

1.让孩子扮演老师的角色，父母扮演学生的角色。

2.让孩子任意选取其中一张卡片，如小鸟，然后父母对卡片进行描述“小鸟在水里游泳”。

3.请孩子判断正误，如果正确，就回答“你说得对”，如果错误，就回答“不对，不对，小鸟应该在天上飞翔”。

4.如果孩子判断错误，父母就用同样的方式来纠正孩子的错误。

游戏小贴士

- 为了方便孩子判断正误，父母最好选择孩子熟悉的事物。
- 在游戏过程中，不仅要让孩子指出错误，还要让他说出纠正错误的办法。反复玩这个游戏，既可以让孩子学会主动改正错误，还可以训练他的表达能力。

游戏拓展

仔细观察下图，将做错的小朋友圈出来。

PART

02

秩序与纪律

让孩子适应环境

MONTESSORI
EARLY EDUCATION
GAMES IN FAMILY

听一听
蒙台梭利怎么说

儿童的秩序敏感

儿童要经历一个非常重要而神秘的时期。在这个时期，他们对秩序极其敏感。这段秩序敏感期从儿童出生后第一年就会出现，并一直持续到2岁。可能很多父母会觉得这个观点很奇怪，因为在我们的认识中，儿童的一个特点就是没有秩序感。

儿童生活的环境是一个充斥着各种东西的封闭环境。当成人出于各种原因而时常移动和调整这些东西时，处于秩序敏感期的儿童是根本无法理解的，他们也无法对这些复杂的行为进行判断。如果儿童过了秩序敏感期，他们所感知到的这些混乱就可能会成为其发展的一个障碍和引发心理紊乱的一个原因。

儿童对秩序的敏感在其出生后的第一个月就已经表现出来了。当孩子看到一些东西放在“恰当”的位置时，他们就会感到兴奋和高兴。

秩序敏感的表现

儿童的秩序敏感性在其遇到阻碍的时候会表现得更加明显。在大多数情况下，儿童发脾气很可能就是由于这种敏感性引起的。

一次，我和一队旅行者一起穿过那不勒斯的一条隧道。队中有一位年轻女士带着一个1岁半的孩子。

小孩累得走不动了，妈妈把他抱了起来，继续行走。妈妈走得又热又累，她停了下来，脱掉外衣，并把衣服搭在了手臂上。在减轻负担后，她再次把小孩抱起来。但这时孩子开始哭，而且哭声越来越大。妈妈想尽办法希望能使孩子安静下来，但毫无作用。她已经累得筋疲力尽，并且变得不安起来。同行的游客也给了妈妈一些帮助。他们不时换人抱这个孩子，但孩子却变得更加不安了。妈妈没有办法了，只得选择把孩子带回去。但就在这个时候，孩子已经开始变得歇斯底里了，似乎到了绝望的境地。

这时，我走到这位妈妈面前，对她说："我帮您把外套穿上好吗？"她满脸惊讶地看着我，因为她仍然很热。她显得很疑惑，但接受了我的建议。小孩立即平静下来。他的眼泪和不安消失了，并不停地说："衣服……肩膀……"孩子的意思是"你的衣服在你的身上了"。孩子露出"你终于理解我了"的笑容，向妈妈伸出了双臂。

衣服是用来穿在身上的，而不应像一块布那样搭在手臂上——孩子在妈妈身上看到的秩序错乱是引起这场麻烦的原因。

儿童的秩序敏感是如此强烈。更令人感到惊讶的是，这种本能在儿童很小的时候就表现出来了。一个2岁左右的儿童对秩序的敏感，是通过一种悄无声息的方式表现出来的。这种敏感性成为这一阶段儿童行动的指南。

儿童对秩序的敏感表现也是我们学校里一种最有趣的现象：当一件物

品放错位置时，孩子会最早发现，并把它放回原处。而且，正是2岁左右的孩子会注意到这些最细微的不协调，而成人和更大一点儿的孩子却不会注意到这一点。

儿童的秩序敏感性使他们在看到某些东西处于无序状态时，就像受到了某种刺激，收到了行动的指令。但这种敏感性所具有的意义却不仅如此，秩序感是一种心灵的需要，当它得到满足时，还会为儿童带来快乐。在我们学校里，三四岁的孩子做完练习后，也会把东西放回过去习惯放置的地方，这是他们最乐意做的事情之一。从小获得的秩序感使他们注意到每样物品在环境中所处的位置。这其实也是一个人能够适应环境，能够在所有的细节方面支配环境的表现。

激发儿童的秩序感

显然，儿童对秩序的热爱是与成人不同的。秩序带给成人的是某种外在的快乐，但对儿童而言就完全不同了。儿童从出生开始，就要在自己将来所要支配的环境中找到适应的原则。因为儿童是由他们所处的环境塑造的，引导他们的原则应该是精确的，而不能是一些含糊的、建设性的。

从年龄很小的孩子做的游戏中我们可以看出，秩序会产生一种自然的快乐。这些缺乏逻辑的游戏曾经使我们非常吃惊，但游戏也为孩子带来了极大的也是唯一的乐趣：使孩子在安放物品的地方找到它们。

在对孩子的游戏进行详细介绍之前，我想先提一下日内瓦的皮亚杰教授对他的儿子进行的一项实验：

教授在一个椅垫下藏了一个东西，然后他请儿子离开这间屋子，又把这个东西拿出来，藏在对面的椅垫下。教授希望，当儿子在一个椅垫下寻找东西找不到时，会到另一个椅垫下寻找。但是，当儿子回到房间后，他所做的就是掀起之前那把椅子的垫子去寻找，然后用自己不完善的表达方式说："没了。"他并没有努力去其他地方寻找那个东西。

然后，教授重复了这项实验，他让儿子亲眼看到他从一个垫子底下拿出那个东西，并把它放在另一个垫子底下。但孩子还是像以前一样只翻开了第一个椅垫寻找，又说："没了。"

皮亚杰教授据此得出结论，他的儿子有点儿傻。他不耐烦地掀起第二个椅垫对儿子说："你没看见我把东西放在这里吗？"

这个小家伙的回答是："我看到了。"而后他指着第一把椅子说："但它应该在那里。"

由此我们可以看出，让儿童感兴趣的并不是找到东西，而是在它该出现的地方找到它。显而易见，孩子认为不理解这个游戏的是父亲，如果东西不是放在它该在的地方，那这个游戏的趣味何在呢？

所有事实都表明，敏感性是大自然赋予儿童的天性，是一种内在的感觉，它不仅能区分物体本身，也能区分物体之间的关系。这种敏感性使外界环境变成一个整体，使环境的各个部分相互依赖。如果我们能够适应这种环境，就可以指引自己的行动去达到我们特定的目的；如果我们的头脑中只有不同的图像，而这些图像又是杂乱无章的，那这些对我们来说又有什么用处呢？

人们正是在童年时期学会了怎样在将来的生活中指挥和引导自己。在敏感期里，大自然赋予人们的第一个本能是与秩序有关的敏感性，这就像大自然给了人类一个指南针，让人类学会去适应世界。自然也赋予了儿童像成人那样说话的能力。人的智力不是从天而降的，而是建立在敏感期的基础上的。

内在秩序敏感

儿童具有两种秩序感：一种是外部秩序感，这种秩序感与儿童所在的环境的体验有关；还有一种是内部秩序感，它能使儿童意识到自己身体的不同部位及其相对位置。

儿童的行为活动表明，远在他们能自由运动和获得经验之前，他们就已经对身体的各种姿势具有了高度的敏感。也就是说，这种敏感性是一种自然赋予的力量，使儿童能够感受到自己身体的各种姿势和位置。

敏感性是一种洞察力和本能，它们为意识的形成打下基础。敏感性也是一种自然形成的能量，并会成为人们心理发展的基本规则。所以，是自然为人类的发展提供了可能性和有意识的经验。如果儿童所处的环境阻碍了其敏感性的正常发展，就会出现诸如极度的焦躁不安、发脾气、疾病等表现。这些表现也恰恰从反面证明了敏感性的存在。只要有害的情况得以改善，他们的异常表现也会随之消失。这清楚地说明了造成孩子病症的原因。

儿童的秩序感与成人是不同的，经验使成人变得麻木，但儿童正处于感知外界的过程中，他们是单纯的。他们由一无所知到不断地体验成长的艰辛，而我们成人就像一个白手起家的富翁的儿子，我们无法理解孩子处于白手起家阶段所承受的劳苦和艰辛。我们由于已取得的经验和地位而变得冷漠而麻木。要知道，我们现在之所以能运用理智、意志、肌肉，正是因为我们也经历过童年，经历过成长的艰辛。我们现在之所以能适应这个世界，也是因为这个原因。成人之所以富有经验，是因为成人是从儿童成长起来的，由小到大，从无到有，儿童时期为成年后的生活打下了基础。儿童从一无所知到理解生活，必须付出巨大的努力。

儿童生长发育的所有表现，是如此接近生活的真谛，即“为行动而行动”。这是一种创造的方式。

布置房间

激发秩序感

难度指数

★☆☆☆☆

游戏目的

激发孩子的秩序感

游戏准备

将屋内常见的一些物品收在一起，例如抱枕、玩偶等

游戏步骤

1.让孩子观察一下房间，然后让他按照自己的想法将这些物品放在合适的地方。

2.等房间布置完毕，适当对孩子的行为表示鼓励，并让他说一说自己摆放的理由。

游戏小贴士

◆ 这个游戏比较随意，非常适合在房间凌乱的时候来做，既可以激发孩子的秩序感，又能够让孩子养成良好的生活习惯。

游戏拓展

家长将这张图拿到孩子面前，让他看变换的图案顺序，激发他的秩序感。

跳彩格

听懂指令

难度指数

★☆☆☆☆

游戏目的

让孩子听懂指令

游戏准备

一些彩色的绳子

游戏步骤

1.找一块空地，用绳子在空地上围几个方格，大小要容得下孩子的双脚。

2.向孩子发出指令“跳到红色的方格中”，然后让孩子根据指令做动作。

3.当孩子熟悉这个游戏后，父母可以适当调整指令，如“单腿跳入蓝色的方格中”“跳入绿色的方格后举起右手”，等等。

4.父母可以和孩子互换角色，增加游戏趣味性。

游戏小贴士

◆这个游戏很随意，既适合在室外玩，也可以在室内玩。公园中有些地砖的颜色和形状各不相同，父母还可以利用这些地砖来和孩子做这个游戏，十分方便。

◆指令变化不要太快，以免孩子来不及调整动作而摔伤、扭伤。在做游戏之前，要让孩子穿上舒适的鞋。

小车轮流跑

培养社会秩序感

难度指数

★★☆☆☆

游戏目的

培养孩子的社会秩序感

游戏准备

一辆玩具汽车，几张序号牌

游戏步骤

1.给每个人发一张序号牌，请每个人记住自己的号码。

2.将玩具汽车放在桌上，然后向大家说明规则："小汽车要在1号停车场休息1分钟，然后跑到2号停车场。按秩序来，不能乱抢。"

3.每个人拥有小汽车的时间长短不同，让孩子在这个过程中学会等待。

4.为了增加游戏乐趣，可以模拟一些场景，例如，汽车的轮胎坏了，需要在2号停车场修理3分钟，请3号耐心等待。

游戏小贴士

◆ 这个游戏适合家人或几个小朋友一起玩。

◆ 小汽车不一定按照正常的序号顺序传递，可以根据孩子的表现适当调整。

◆ 在玩这个游戏的时候，也可以用孩子感兴趣的其他物品来代替小汽车。

游戏拓展

让孩子看一看下面的漫画，并让他试着讲讲他看到了什么，最后问问他骑车的小男孩哪里做错了。

小闹钟嘀嗒

认识特定的时间

难度指数

★★☆☆☆

游戏目的

让孩子认识特定的时间，培养良好的时间观念

游戏准备

一个闹钟

游戏步骤

1.先将闹钟的响铃时间定在7点。

2.和孩子一起躺在床上假装睡觉，闹钟响起时，对孩子说“7点了，该起床啦”，然后和孩子一起起床。

3.将闹钟的铃声定在8点，先让孩子玩几分钟，当铃声响起时对他说“8点了，我们来吃饭”。

4.用同样的方法设定午餐、午觉、午睡起床、晚餐、晚上睡觉等时间，让孩子在特定的时间段内做相关的事情。

游戏小贴士

◆ 这个游戏适合父母和孩子一起玩，模式和过家家一样。

◆ 游戏中的时间以孩子的日常作息为准。除了做游戏外，平时也可以用闹钟设置固定的时间，这有助于培养孩子的时间观念，形成良好的时间秩序。

游戏拓展

在左边的钟面上画上时间。画好后，家长可以把这页剪下来，贴在孩子看得到的地方，让他按照作息表去做，养成好习惯。

我们去购物

挖掘内部秩序感

难度指数

★★★☆☆

游戏目的

挖掘孩子的内部秩序感

游戏准备

超市海报一份，小本子一个

游戏步骤

1.在购物之前，和孩子一起翻阅超市的海报，确定要买哪些物品。

2.给孩子准备一个容易携带的小本子，将要买的物品图片剪下来，让孩子贴在本子上。

3.购物的时候，让孩子按照本子上的图片来挑选物品，并将这些物品整齐地放在购物车中。

4.选好东西以后，让孩子核对一下购物车中的物品，确认无误后，和孩子一起排队结账。

游戏小贴士

◆ 这个游戏非常适合在购物时玩，父母平时可以适当收集一些超市海报，充分利用生活中常见的事物来培养孩子的秩序感。

◆ 经常玩这个游戏，除了能发掘孩子的内部秩序感外，还有助于孩子形成条理性的思维。

游戏拓展

请标出购物清单上没有的物品。

混搭的衣服

合理引导秩序感

难度指数

★★★☆☆

游戏目的

合理引导孩子的秩序感

游戏准备

几件家人常穿的衣服

游戏步骤

1.将衣服混搭在一起，如孩子的上衣和爸爸的裤子搭配在一起，妈妈的外套和孩子的裙子搭配在一起，等等。

2.让孩子认真观察这些衣服，同时向孩子提问“宝宝平时穿上衣的时候，还会穿什么”，然后让孩子重新搭配衣服。

3.衣服搭配完毕后，和孩子一起穿衣服，一边穿一边告诉孩子穿衣顺序，如先穿小背心，再穿大外套。

4.当孩子穿好衣服后，再按顺序将衣服脱下来，同样一边脱一边告诉孩子脱衣顺序。

游戏小贴士

◆这个游戏还适合在整理衣服的时候玩，既培养了孩子的秩序感，又训练了他的生活能力。

◆游戏结束后，和孩子一起将衣服整理好。

游戏拓展

仔细观察下面这5个人的衣服，指出其中的错误。

排柱子游戏

加强秩序感

难度指数

★★★☆☆

游戏目的

加强孩子的秩序感，同时提高孩子的理解力

游戏准备

一套高度不同、直径相同的插座圆柱体教具

游戏步骤

1.将所有的圆柱体从底座上取下来，随意混在一起。

2.让孩子重新整理这些圆柱体，按照从高到低或从低到高的顺序将圆柱体排列好。

3.让孩子将圆柱体放入底座中，按照底座的深浅来放。

4.让孩子一边玩一边观察圆柱体的变化，直到将所有的圆柱体放入对应的底座中为止。

游戏小贴士

◆ 如果将圆柱体按照顺序放入底座中，那么最终所有的圆柱体会保持在同一高度。一旦有一个放错，很容易凸显出来。因此，经常玩这个游戏，不仅能加强孩子的秩序感，还有助于他主动识别并改正错误。

◆ 让孩子独立完成这个游戏，不要向他提供多余的帮助。

小体操游戏

唤醒纪律性

难度指数

★★★☆☆

游戏目的

唤醒孩子的纪律性

游戏准备

一部手机

游戏步骤

1.挑选一块空地，用手机放一段欢快的音乐，和孩子一起做小体操。

2.先练习原地踏步，一边踏步一边喊口号。做完两个八拍的踏步后，指导孩子做一些简单的伸展动作，每个动作做四个八拍。

3.在游戏过程中可以加入一些轻快的歌谣，增加游戏的趣味性。

游戏小贴士

◆ 这个游戏既可以在家里做，也可以在户外做，参与的小朋友越多，游戏效果越好。

◆ 这个游戏比较随意，父母可以根据实际情况来制定相关的规则，经常练习有助于激发孩子的纪律性。

排排坐

了解纪律和自由

难度指数

★★★★☆

游戏目的

让孩子了解什么是纪律、什么是自由，激发孩子内在的纪律感

游戏准备

若干小板凳

游戏步骤

1.在房间内摆两排小板凳，板凳数量和小朋友数量相同。

2.向孩子发出指令“大家分成两排，坐在板凳上”。

3.当孩子坐好后，继续下达指令“大家拿起小板凳，排成一排”，然后让孩子按照要求多变换几种队形。

4.让孩子自由变换队形，随便坐，最后再让孩子排成一排坐好。

游戏小贴士

◆这个游戏适合几个小朋友一起来玩。

◆父母可以根据孩子的表现适时调整游戏难度，例如，在游戏中加入寻找物品的环节，让孩子在规定的时间内自由活动，等等。将纪律和自由穿插在一起，更有助于激发孩子内在的纪律感。

屋里静悄悄

训练服从力

难度指数

★★★★☆

游戏目的

训练孩子的服从力

游戏准备

一些会发出声音的物品，如电视、八音盒、带声响的玩具等

游戏步骤

1.将准备的物品分别放在客厅的各个角落。

2.陆续打开电视、八音盒、带声响的玩具等物品，让客厅里充满各种各样的声音。

3.双手捂住耳朵，对孩子说“哎呀，太吵了，快把电视关上”。用同样的方法让孩子关闭其他物品。

4.当客厅安静下来后，对孩子说“安静真好，闭上眼睛，谁也不说话，我们一起享受安静”，然后让安静持续一段时间，直到宣布游戏结束。

游戏小贴士

◆ 这个游戏还可以在生活中延伸变化，当孩子将房间搞得一团糟时，父母可以用同样的方法来引导孩子整理物品。

看谁做得像

在模仿中学会服从

难度指数

★★★★★

游戏目的

让孩子通过模仿学会服从

游戏准备

一面大镜子

游戏步骤

1.和孩子并排站在镜子前，父母做一个简单的动作，例如伸懒腰，然后让孩子模仿。

2.和孩子互换角色，让孩子做一个动作，父母来模仿。

3.当孩子熟悉这个游戏后，加入一些生活中常见的指令，如开门、扫地、穿衣等。

4.将几个指令连起来，做一套连续的动作，然后让孩子模仿。同样，孩子也可以做一套动作，让父母来模仿。

游戏小贴士

◆ 起初游戏难度不要太高，以免打消孩子的积极性。

◆ 如果孩子无法完成连续的动作，父母可以适当分解动作，让孩子循序渐进地完成模仿。

◆ 为了增加游戏乐趣，父母还可以在游戏中加入一些有趣的歌谣。

游戏拓展

请模仿图画中人物的动作。

小小指挥官

提高服从意识

难度指数

★★★★★

游戏目的

克制孩子的急躁行为，提高孩子的服从意识

游戏准备

在家中设置一些场景，如将卧室的门打开，将玩具散落在地上，把电视打开等

游戏步骤

1.向孩子发出指令“将电视关上后，再把地上的玩具捡起来”，然后让孩子按照指令的先后顺序来做事。

2.和孩子互换角色，由孩子发出两个或几个指令，父母来执行。

游戏小贴士

◆ 这个游戏非常适合几个小朋友一起来做，除了克制孩子的急躁行为外，还能提高孩子的合作意识。

◆ 父母可以打乱指令的先后顺序，例如，请把地上的玩具捡起来，再将电视关上。这样的指令可以培养孩子的思维能力，让孩子做事有条理。

PART 03

交友与合作

让孩子融入集体

MONTESSORI
EARLY EDUCATION
GAMES IN FAMILY

听一听
蒙台梭利怎么说

环境和社会生活

我们要为儿童创造一个能够满足他们需要的环境。当我首次提出这个观点时，引起了很多建筑家、艺术家和心理学家的兴趣。其中一些人和我就房屋的大小、高矮和装修等影响注意力集中的要素进行了专门的讨论。这样的建筑不只是为孩子提供一个庇护所，还具有更深层次的心理学意义。而且，这些房子的价值不仅仅在于它们的形态、颜色，还在于房子里为儿童所提供的用具。这些用具只有放在孩子触手可及的地方，才能影响他们注意力的集中。而且，儿童的用具不是随意摆放的，它们的摆放方法是通过对儿童的长期观察总结得到的。

我们先在儿童的生活环境中摆放一小部分物品，让儿童自己选择。然后，我们把儿童愿意使用的物品留下来，把他们从未动过的物品拿走。

我们为儿童提供的物品，不是针对一所或几所学校总结出来的，而是针对世界各地的学校共同总结出来的。因此，我们可以说，这些东西都是儿童自己选择的。我们发现有一些东西是所有儿童都很喜欢的，我们认为这些东西对儿童发展非常重要。我们还发现有一些东西儿童几乎从来不碰，其中一些东西甚至是成人完全没有预料到的，而且各个国家都是如此。如果我们允许一个正常的孩子自由选择，我们会看到某种情况反复出现——这些孩子总是选择一些如昆虫、花朵之类的东西。显然，儿童需要这些东西。

儿童选择的都是对自己的成长有帮助的东西。我们最初曾为他们准备了一些玩具，但他们几乎从不动这些玩具。我们还为他们准备了许多颜色各异的东西，但他们通常只选择一种，就是我们经常会用到的扁平线轴。在所有国家都出现了这一情况。各个地区、各个国家的儿童，他们的选择是如此相似，这也反映出了一些社会生活方面的问题。

社会秩序的培养

向儿童提供过多的物品，会造成他们的混乱。因此，即使有许多儿童，我们也只提供一小部分物品。

我们为儿童提供的所有东西都只有一个。如果一个孩子正在使用这个东西，其他的孩子就必须等待。这可以让孩子养成一种重要的品格。孩子们会明白，他们必须重复其他人的工作。这样做不是由于他人的要求，而是由于日常生活经验要求他们这样做。因为每样东西都只有一个，所以他们必须等待别人用完之后才能使用。这样的事情每一天、每一年都在发生，会逐渐帮助儿童养成良好的生活习惯。

这种重复、等待有助于加快儿童的成熟，这样儿童才能逐渐适应社会。社会不可能完全按照我们希望的方式运行。它是一个各种行为协调运转的整体。通过协调这些行为，儿童养成了另一种优秀的品质——耐心。

拥有了这种优秀的品质，其他的性格特征也会自然而然地形成。

仅仅依靠教育，我们是无法让一个3岁的儿童具有这样的品质的。这些品质是以儿童自身的经验为基础形成的。正是由于其他的条件是无法促使儿童正常发展，所以我们看到世界各地的儿童都会为得到自己想要的东西而争抢。当他们看到我们的孩子是如此有耐心时，他们都感到非常吃惊。这些都不是我们教育的结果。由于我们精心为孩子构建环境，给予他们自由，才使他们具有这样的品质。生活在这样的环境中，3~6岁的儿童之前不具备的品质逐渐显现出来了。

在儿童准备进入社会生活的第一阶段中，成人如果对他们进行干涉，可能会妨碍儿童发展。当孩子们排成一队向前走时，如果有一个孩子跑出队列向相反的方向走，矛盾就会不可避免地出现。按照成人的想法，我们总想把孩子抓住，带回到原来的队伍中。但是，儿童能够自己照顾自己，自己解决自己的问题。虽然每个儿童采用的方式可能与别人不同，但这种方式是最能够满足其自身需求的。

儿童在发展的各个阶段，都会遇到这样的问题，这样做能给儿童带来极大的快乐。如果成人对他们进行干涉，会让他们感到不愉快。如果我们让儿童自由选择，他们会按照自己的行为方式做事。

儿童就是通过这样做来获得社会经验的。这种经验的累积有助于儿童正确处理他们所面临的问题。

特殊的分班方式

有些老师可能会提出这样的异议："如果所有儿童都各行其是，那社会生活将变成什么样？"这些老师好像在说，如果我们连社会问题都无法解决，又谈什么社会生活呢？如果我们连社会问题都无法解决，又如何能让儿童行为正常，让他们所追求的目标不会影响到大众呢？对于这些老师来说，儿童的社会生活就是有秩序地坐在一起，听别人讲话。然而事实却正好相反。

在普通的学校，只有游戏和旅游才能称得上是真正的社会生活。而我们的孩子总是生活在一个活跃的集体之中。当班级里的人足够多时，孩子们的各种不同性格就会清楚地显现出来，他们才能获得更多的经验。如果班级人数过少，孩子们就很难获得这样的经验。要知道，完善是通过社会生活得到的。

这些孩子又是以什么样的方式组合到一起的呢？他们是随机组合的，当然也要经过一定的筛选。在这个环境中生活的孩子处于同一个年龄段，比如3～6岁，但是他们的年龄并不完全相同。除了有些年龄较大的孩子由于智力问题而留级的情况外，这种分班方式在普通的学校并不多见。我们的组合方式以年龄为基础，只有很少的普通学校采取这种垂直的分班方式。

这与家庭是一样的，一个有6个不同年龄孩子的妈妈会发现，应付这6个孩子是比较容易的，但如果这个妈妈的6个孩子中有一对是双胞胎，那问题就会麻烦得多。想一想，这2个孩子总是要同样的东西，这该令妈妈多么烦恼呀！有6个不同年龄孩子的妈妈会比只有1个孩子的妈妈也要轻松一些。1个孩子比较难以应付不是因为他烦人，而是因为他缺少伙伴。父母总觉得养育第一个孩子比养育第二个孩子困难，他们认为这是因为自己缺少经验，但事实上却是因为第二个孩子有了伙伴而已。

把人按照年龄分隔开是一件非常冷酷而又不符合人性的做法，对于儿童也是一样。这种做法会打断社会生活之间的联系，使人与人之间失去互相学习的机会。

人为方式的隔离会严重阻碍社会意识的发展。在我们的学校里，我们会把性别不同的孩子安排在一起。当然，把男孩和女孩安排在一起实际上并不是最重要的分班方式，将不同年龄的孩子安排在一个班级里才是最重要的分班方式。

在我们的学校里，不同年龄的孩子常常会互相帮助：年龄小的孩子会观察年龄大的孩子的行为，并请求年龄大的孩子给他们讲解一些东西，而年龄大的孩子也非常愿意这样做。这种讲解具有重要意义，因为5岁孩子和3岁孩子的思想比我们与3岁孩子的思想要接近得多，孩子学习起来也更容易一些。在不同年龄孩子之间存在着一种交流与和谐，这是很难在成人与孩子之间实现的。

对于一个3岁的孩子来说，有很多事情是老师无法向他传授的，而一个5岁的孩子却能轻易做到。3岁孩子与5岁孩子之间存在着一种自然的心理联系。3岁的孩子可能会对5岁孩子做的事情感兴趣，因为5岁孩子能做到的事情与他的能力相差不远。这些大孩子可能就成了小孩子心目中的英雄或老师，令他们钦佩不已。年龄小的孩子受年龄大的孩子的激发，会重复大孩子所做的事情。

在传统的学校中，升学的唯一方法就是竞争，但这却常常会引起嫉妒、怨恨和羞愧等情感。在这种环境中成长的孩子会变得自以为是，并且爱控制别人。而在我们的学校里，年龄大的孩子认为向年龄小的孩子提供保护是理所应当的。这种“大”保护“小”、“小”尊重“大”的气氛在学校里相当浓厚。每个班级都具有很强的凝聚力。最后，孩子们对彼此的性格都有所了解，并且能够互相帮助。传统学校的孩子们经常会说“××得了第一”或“××是最差的”之类的话。人与人之间的真挚感情是不会在这种环境中培养出来的。年龄是儿童在生活中形成各种不同性格的重要影响因素。

3~6岁孩子的教室与7~9岁孩子的教室并不是完全分开的，6岁的孩子仍然可以向高年级的孩子学习。班级与班级之间的墙只有腰那么高。孩子们很容易就可以跑到另一间教室，我们也不会对他们进行约束。如果一个3

岁的孩子跑到了7 ~ 9岁孩子的教室里，他们是不会在那里待很长时间的，因为他们会发现那里找不到对自己有用的东西。为此，我们在班级之间只设了一个矮矮的隔离墙，而没有把孩子们完全隔离开，方便不同年龄段的孩子互相交流。

每个孩子都有自己固定的活动场所，但孩子们之间又不是完全被隔离开的，孩子们可以自由地到其他教室去学习新东西。一个3岁的孩子可能会跑到一个正在求解平方根的9岁孩子身边，并问这个9岁的孩子正在做什么。如果他对得到的回答完全不能理解，就会跑回自己的教室，因为那里有他感兴趣的东西。而6岁孩子可能会对9岁孩子所做的事情稍有理解。他可能会在9岁孩子的身边多待一会儿，学习一些东西。

孩子们在不同年龄段教室之间自由行动，可以让他们对不同年龄具有的理解能力有所了解。事实上，我们也是通过这样的安排，才了解到八九岁的孩子可以理解平方根。因为我们发现这个年龄段的孩子有足够的耐心去观察12 ~ 14岁孩子求解平方根的过程。同样地，我们也注意到8岁孩子会对代数产生兴趣。儿童的发展不仅仅依靠他们年龄的增长，也依赖于我们是否给了他们足够的自由，让他们去观察。

社会的真正秘密

通过研究儿童的这些行为，以及他们在自由氛围中的关系，我们了解到社会的真正秘密。社会的秘密非常微妙，我们需要从心理的角度进行仔细观察，但是这些秘密还是引起了我们很大的兴趣，因为它们反映出了人类的本性。因此，我们可以把我们的学校当作一个心理研究的实验室。这个实验室不适于常规研究，它是一个专门针对儿童进行观察的实验室。这里还发生了一些值得一提的情况。

我们在上文中已经说过，儿童可以自己解决问题，但我们却没有给出原因。如果我们只在旁边观察，不去打扰儿童，就会发现一些奇怪的现象——孩子们互相帮助的方式与成人不一样。如果一个孩子拿起了一个很重的东西，别的孩子是不会来帮助他的。他们都会尊重这个孩子的努力。只有在必需的情况下，孩子们才会向别人提供帮助。这对我们来说是一个很重要的启示：儿童在潜意识里对他人的需求非常尊重，不会给予他人不必要的帮助。

儿童对待打乱课堂秩序的人的方式很有趣。假设班级里有一个新来的孩子，他还没有完全适应课堂环境，总是坐不住，并且总要做一些打扰别人的事情。这时，老师通常会说“不要这样，你这样做不好”或“你真是个淘气的孩子”。

但是，其他孩子的反应可能会与老师的反应完全不同。他们会走到新来的孩子面前，对他说：“你真淘气，但是不要担心，我们刚来的时候也是这样的。”

孩子们知道新来的这个孩子的行为是错误的，但不会把他的行为看作故意的，并会努力安慰他，希望唤醒这个孩子的优秀品质。

如果我们能够充满爱心地抚慰那些缺乏道德的人，如果我们能够耐心地教育罪犯，那么这个世界将变得多么美好！要知道，那些缺乏道德的行为通常都有病理上的原因，也许是由不良的家庭环境引起的，也许是由出生时的不良影响因素引起的。我们应该充满同情心地对待这些人，为他们提供帮助。这样才能起到净化社会的作用。

通常，人们都认为如果不对儿童进行教育，他们是不会尊重动物的。这是因为我们总是认为儿童生来就是残忍的、没有感情的。不过，这种想法是错误的，一个正常的儿童是有保护动物的倾向的。

在我们的学校里也可以看到一些不寻常的事情，就是孩子们对强者的尊敬。这些孩子不但没有嫉妒，他们还会对有能力的孩子给予热情的赞扬。

这种情况会发生在孩子学会写字的时候。一个孩子第一个学会了写单词，这让其他孩子也感到非常高兴。每一个孩子都用崇敬的目光看着第一个写出单词的孩子，他们更加努力地学习，并且对自己说："我也能写。"一个孩子的成就激起了一群孩子的热情。在学写字母的时候也是这样，你会看到一群孩子举着自己写的东西让老师看。这些孩子表现得异常高兴，他们的喊声是那么大，把楼下的人（我们的学校在顶楼上）都引了上来，想看个究竟。我们的老师不得不对这些人解释：“孩子们正在学习写字母，他们非常高兴。”

儿童之间产生了一种明显的团队意识。这种团队意识是以一种高尚的情感为基础的，并且可以促进集体的团结。这个例子清楚地告诉我们，在儿童的情感达到一个较高的层次时，在他们的个性正常发展时，他们就会感受到一种吸引力。年龄大的孩子善待年龄小的孩子就是这一情况的具体体现。正常发展的孩子对待新来的孩子的方式，以及他们对待已经适应环境的孩子的方式，都是这种情况的具体体现。

我们都是好朋友

摆脱年龄束缚

难度指数

★☆☆☆☆

游戏目的

让孩子和不同年龄的小朋友打成一片

游戏准备

找一个离家近的公园或小广场等小朋友多的地方

游戏步骤

1.闲暇之时，带孩子到小朋友们经常聚集的地方，如公园、小区广场等。

2.鼓励孩子和不同年龄的小朋友打招呼，互相介绍一下自己。

3.当孩子和其他小朋友熟识后，鼓励孩子和大家一起玩。

游戏小贴士

◆ 如果孩子不好意思和其他人玩，父母不要强迫孩子，可以和孩子谈一谈，找出原因后采取相应的办法来消除孩子的心理障碍。

◆ 让孩子主动接触不同年龄的孩子，不要用年龄来给孩子划分朋友群。

游戏拓展

仔细观察下图，找出图中谁和谁是好朋友，并说一说他们在干什么。

捉迷藏

抑制冲动行为

难度指数

★☆☆☆☆

游戏目的

抑制孩子的冲动行为

游戏准备

邀请几个小朋友到家中做客

游戏步骤

1.挑选一个小朋友来找人，将他的眼睛蒙起来，然后从1数到50。

2.其他孩子每个都要假扮一样物品，藏到合适的地方。例如：扮作电视，藏在客厅；扮作枕头，藏在卧室。

3.负责找人的小朋友每找到一个人，都要说出他扮演的是什么，猜对就算赢了。

游戏小贴士

◆ 这个游戏适合几个小朋友一起来玩。

◆ 这个游戏和普通的捉迷藏不同，即使孩子一眼就看到了对方，也要耐心地猜测对方的“身份”，猜对才算找到人。这样能抑制孩子的冲动行为，让孩子变得有耐心，而且还能培养孩子的想象力。

肃静游戏

能够融入集体

难度指数

★★☆☆☆

游戏目的

让孩子学会融入集体

游戏准备

一个安静的房间

游戏步骤

1.先让孩子们在房间内自由走动、说话，然后父母下达指令“嘘，嘴巴不说话了”。孩子可以继续走动，但是不能说话。

2.父母接着说：“听，脚步声没有了。大家都坐下来。”

3.当孩子们都坐好后，父母轻声说：“大家一起闭上眼睛，听一听周围的声音。”让孩子们保持安静5分钟，然后自由活动。

游戏小贴士

◆让孩子和小朋友们一起来玩这个游戏，父母也可以加入其中。

◆在游戏过程中，如果某个孩子没有按照指令做，父母可以提醒他：“大家仔细听一听，谁还在说话？嘘，快像我们这样做。”反复练习这个游戏，逐步延长肃静时间。

小球弹呀弹

学会相互配合

难度指数

★★☆☆☆

游戏目的

让孩子学会互相配合

游戏准备

一只小皮球

游戏步骤

1.和孩子面对面站在一块空地上，间隔距离保持在1米～2米即可。

2.将皮球轻轻抛向孩子，让孩子伸手去接；接到球后，再让孩子抛回来。

3.当孩子熟悉抛接球后，换一种抛球方式，将球在地上弹一下，然后让孩子接。

4.让孩子用同样的方式将球抛回来。反复练习，直到孩子能够和父母熟练配合为止。

游戏小贴士

◆ 闲暇之余让孩子和小伙伴一起来玩这个游戏，可以有效提高孩子之间的合作能力。

◆ 父母也可以利用日常生活中的点点滴滴来训练孩子的配合能力，例如，和孩子一起抬东西、一起叠床单等。

火车钻山洞

能和多人配合

难度指数

★★★☆☆

游戏目的

让孩子学会和多人配合

游戏准备

邀请孩子的小伙伴一起来游戏

游戏步骤

1.挑选两个孩子，让他们面对面站立，用双臂搭起一个人字形的山洞。

2.让其他孩子排成一队，依次从“山洞”中通过，绕一个圈后回到原点。

3.当最后两个孩子通过“山洞”后，迅速组成一个新的“山洞”，原来的两个孩子则变成“火车尾”，从山洞中通过。

4.以此类推，让每个孩子都有机会扮演“火车”和“山洞”。

游戏小贴士

◆这个游戏非常适合许多孩子一起玩。

◆为了方便孩子做这个游戏，最好找一个空旷、平坦的地方。

◆如果孩子比较多，可以让他们多组几个山洞，这样能有效促进孩子之间的合作。

游戏拓展

下面两幅图中有4处不一样，用笔将它们圈出来。

寻找小猫咪

懂得互相帮助

难度指数

★★★☆☆

游戏目的

让孩子学会互相帮助

游戏准备

一个小猫咪玩偶

游戏步骤

1.将小猫咪藏在家中的某个地方。

2.将小猫咪的特征分别写、画在不同的卡片上，例如，在其中一张卡片上写“褐色的耳朵”，并画上一对褐色的耳朵。

3.用同样的方法，将猫咪藏身的地方写、画在卡片上。让孩子们每人挑选一张卡片，想办法将猫咪找出来。

4.可以提醒孩子们互相展示自己的图片，综合所有的信息来寻找小猫咪，直到找到为止。

游戏小贴士

◆这个游戏适合几个小朋友一起玩。

◆在绘制卡片时，要尽量简洁、明了，这样有助于孩子快速掌握卡片中的信息。

公交车出发啦

练习角色分工

难度指数

★★☆☆☆

游戏目的

让孩子认识不同的角色，培养社会凝聚力

游戏准备

几把椅子

游戏步骤

1.将椅子排成一列，当作一辆公共汽车。

2.和孩子扮演不同的角色，如孩子扮演售票员，爸爸扮演司机，妈妈和其他小朋友扮演乘客，等等。

3.模仿现实生活，扮演公交车出发及行驶的全过程。“司机”将车停好，“售票员”招呼大家上车，“乘客”向“售票员”买票，大家都坐好后，公交车出发。

游戏小贴士

◆这个游戏适合全家人或者小朋友们一起玩。

◆做游戏的时候，让孩子自由选择喜欢的角色，并发挥自己的想象力加入对话，可以增加游戏趣味性。

◆父母可以将生活中的其他合作场景融入游戏，既可以培养孩子的合作意识，还能让孩子认识社会上的不同角色。

游戏拓展

下图中“戴帽子的乘客逃票了”“一个老婆婆上车了”“有一个小偷在偷东西”“一个人将瓜子皮吐得到处都是”，让孩子扮成公交售票员，指出上面所描述的乘客，并问一问他该怎么做。

击鼓传球

提高合作能力

难度指数

★★★★★

游戏目的

提高孩子的合作能力，同时训练反应力

游戏准备

1.一只小球

2.一只小鼓

3.一条蒙眼布

游戏步骤

1.让大家围成一圈坐好。

2.挑选一个人负责敲鼓，用布将他的眼睛蒙起来。

3.鼓声响起的时候，大家依次传球，当鼓声停止时，拿到球的人要给大家表演节目。

4.接着将相邻的两个人分为一组，同样按照鼓声来传球，哪一组拿到球的次数少，哪一组就获胜。

游戏小贴士

◆ 这个游戏适合许多人一起玩。

◆ 要想不拿到球，大家就要保证球在运行过程中顺顺畅畅，因为如果球掉在地上会非常耽误时间，所以大家要配合默契，尤其是分组后，同一组的人更要互相配合。

游戏拓展

把小球涂上自己喜欢的颜色。涂好后，父母可以和孩子一起动手把家里的球装饰一下，再玩击鼓传球。

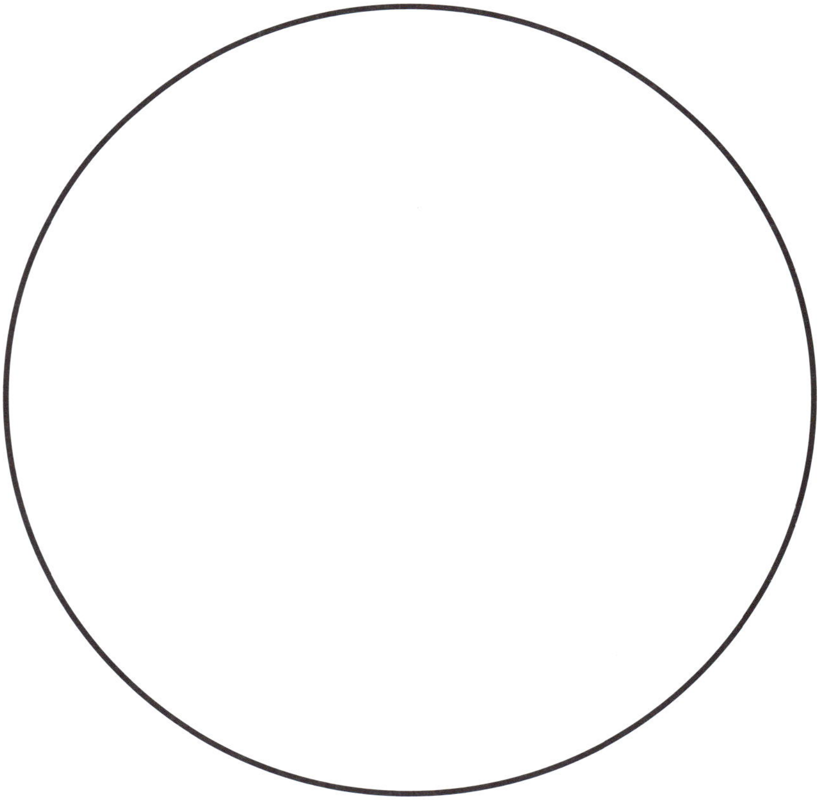

PART 04

精神与道德

让孩子完善自我

MONTESSORI
EARLY EDUCATION
GAMES IN FAMILY

听一听
蒙台梭利怎么说

爱与儿童的自我实现

当人们有规律地完成各项工作，并营造出和谐的生活氛围时，就会获得一种爱的体验。这就是一个人良好状态和健康身体的标志。

儿童的心中充满了爱，他们的自我实现也受到爱的影响。儿童在敏感期产生的那种对周围事物不可抑制的冲动，其实就是他们对所处环境爱的表现。这种爱不仅是儿童情感的反映，还是他们智力发展的要求。爱能促使儿童去看、去听，进而不断地获得成长。儿童必须服从这种自然的需求。这种需求被但丁称作“爱的智慧”。

儿童内心的爱使他们能以一种敏锐、积极的方式来观察周围的环境。这一点对成人来说也非常重要，况且他们本身还缺乏儿童那样的活力。爱难道不会使我们对别人没有注意到的事物产生敏感吗？爱难道没有引导我们发现一些别人尚未注意到的细节和特性吗？正是由于儿童是爱他们所处的环境，而不是对其漠不关心，所以他们才能看到成人视而不见的事物。

在成人眼中，儿童对环境的热爱是他们天生的兴趣和活力使然。但是成人没有认识到，这种热爱其实是一种精神上的能力，能够创造美丽的心灵。

儿童的爱本质上是单纯的。他们之所以爱，也许是因为他们想获得感知觉印象，并借助这些印象实现成长。

儿童对成人的爱

在儿童热爱的事物中，有一个特别的对象——成人。对儿童来说，成人是令人尊重的。他们从成人那里得到了能够满足他们需要的各种物质和精神方面的帮助，并向成人热切地索取自我发展所需要的东西。在儿童看来，成人的嘴就像一个喷泉，他们能不断地从那里学习各种词汇。

成人用自己的行动向儿童展示了人类的行为举止。儿童正是通过模仿他们接触的成人来学会如何生活的。儿童被成人的言行所吸引，并深深为之着迷，以至于他们的生活和行为在某种程度上其实都是被成人支配的。既然儿童对学习如此渴求，并热爱周围的一切，成人就应该认真对待在儿童面前所说的每一句话。

儿童喜欢听成人的话。但是，当成人要让他们放弃那些对他们成长有利的本能时，他们就会反抗了。儿童发脾气或反抗，只是因为他们想发挥创造的欲望，而他们所爱着的成人却对此熟视无睹。儿童与成人之间的强烈冲突也是由此引发的。当儿童不听话或发脾气时，成人应该想到其中的原因，并将其视作儿童成长中的必然，视作儿童的一种无意识的自我保护反应。

作为成人，我们要记住：儿童爱我们，并希望服从我们，他们爱我们胜过爱其他的一切。

成人要意识到儿童对自己的爱

据说，我们还在教孩子爱自己的父母、老师和杰出人士，甚至爱植物和动物。但是，究竟是谁教给孩子爱所有的这一切呢？谁在教孩子如何去爱呢？难道是那些把孩子的所有表现都称为“发脾气”，并且只想着自己和财产免遭儿童侵犯的父母吗？这样的成人是无法教给别人如何去爱的，因为他们本身就不具备爱的敏感性和爱的智慧。

事实上，现实正好与此相反，是儿童在爱着成人。

- 当孩子感到需要成人在自己身边时，他会高兴地引起成人的注意：“看着我，待在我的身边！”
- 晚上，当成人想去睡觉时，孩子会向他们叫喊，因为孩子爱他们，不愿看到他们离开。
- 当成人去吃饭时，正在吃奶的婴儿也想一起去，虽然他们还不能吃那些东西，他们只是想待在成人身边，看着成人。

看到孩子的这些行为，成人却没有意识到他们对我们深深的爱。但是，我们要记住，孩子在长大后，会将在童年时期给予我们的爱全部收回。

然而，我们却因为不愿接受这些爱，而处处对孩子设防。我们要意识到：我们再也无法得到这样强烈的爱了。

我们甚至还喋喋不休地对孩子说：“我没有时间！”“我做不

到！”“我太忙！”……

然而，在我们的意识深处想说的其实是：“我要改变孩子，不然我会变为孩子的奴隶。”我们希望摆脱孩子的纠缠，这样我们才可以做自己喜欢的事情。我们认为，如果摆脱了孩子，一切麻烦就都迎刃而解了。

早晨，孩子走进父母的卧室唤醒父母。这对成人来说是极讨厌的事情。但如果不是因为爱，还会有什么力量能促使刚刚醒来的孩子立刻去寻找父母呢?

其实，当孩子走到父母身边时，他只是为了看一看他所爱的人。

也许父母的卧室还黑着灯，他们为了避免破晓的阳光打扰睡眠，将门窗都关得紧紧的。孩子走过来并用手触摸父母，父母却抱怨说：“我们已经跟你说过多少次了，不要一大清早就来吵醒我们！”

孩子回答道：“我没有要吵醒你们，我只是吻了你们一下。”

事实上，孩子是想说：“我不是想把你们从睡梦中吵醒，我只是想来看看你们。”

是的，爱对儿童极为重要。父母对一切都已麻木了，他们需要一个新的生命来唤醒自己，他们要运用已经失去的生机和活力，再次激励自己。父母需要一个与他们的行为模式不同的人，每天早晨对他们说：“开始新的生活吧！学习如何更好地生活吧！”

是的，更好地生活！充满爱地生活！

小记者采访

关心他人的感受

难度指数

★☆☆☆☆

游戏目的

让孩子学会关心他人的感受

游戏准备

一张A4纸

游戏步骤

1. 将纸卷成圆筒，当作话筒。

2. 父母先扮作记者，采访一下孩子，问孩子“你现在开心吗”“感觉怎么样”，然后让孩子说一说自己的感受。

3. 然后让孩子扮演小记者的角色，采访父母。父母可以设置各种场景，如“我感觉头很痛，需要安静地休息一下”“我现在很难过，因为我的笔找不到了”。

4. 父母可以请孩子帮忙解决一些小问题，如拿东西、开门等。

游戏小贴士

◆ 除了和父母玩这个游戏外，孩子还可以和小伙伴一起玩。这样既能让孩子了解更多人的感受，还有助于人际交往。

爸爸妈妈生病了

学会爱护家人

难度指数

★☆☆☆☆

游戏目的

让孩子学会爱护家人

游戏准备

这个游戏不需要特别准备

游戏步骤

1.父母扮演病人，躺在床上休息，并对孩子说：“宝贝，我感觉很不舒服，你能帮我把桌子上的水杯端过来吗？”

2.父母可以让孩子摸一摸自己的头，并对孩子说：“我的额头烫不烫？是不是发烧了？”

3.父母还可以对孩子说：“我感觉有些饿，你能帮我拿一些食物过来吗？”

4.认真观察孩子的行为，看孩子有哪些表现。如果孩子主动关心父母，那么游戏就算收到效果了。

游戏小贴士

◆ 一般来说，孩子会模仿父母平日里的做法，这表明孩子已经在心中种下了关怀的种子，只要适当加以引导，就有助于激发孩子的爱心。此外，让孩子自由发挥，父母总会从中发现惊喜。

奶奶累了

学会尊敬长辈

难度指数

★☆☆☆☆

游戏目的

让孩子学会尊敬长辈

游戏准备

一把椅子

游戏步骤

1.奶奶和孩子一同站在椅子前，妈妈问孩子“只有一把椅子，谁来坐呢”，然后让孩子发表自己的意见。

2.妈妈可以对孩子说：“妈妈年轻不怕累，奶奶年纪大了，容易疲劳，我们请奶奶坐椅子好不好？”

3.当奶奶坐下后，妈妈继续说“我们给奶奶捶捶肩吧”，然后和孩子一起为老人捶肩。

4.用同样的方法引导孩子做其他事情，如帮奶奶拿水杯、报纸等。

游戏小贴士

◆父母平时带孩子外出时，可以通过一些小事让孩子学会尊敬长辈，例如，在公交车上主动给老人让座，见到长辈主动问好，等等。

1+1 游戏

学会分享

难度指数

★★☆☆☆

游戏目的

让孩子学会分享

游戏准备

根据人数的多少，准备一些孩子喜欢的食物、玩具和其他物品

游戏步骤

1.将准备好的物品分给每个人。

2.妈妈说“我有一个苹果，爸爸有一个橘子，我们加起来就有两个水果”，然后妈妈和爸爸一起分享彼此的水果。

3.用同样的方法让孩子和其他人相加，并分享出自己的物品。

4.最后大家将各自的物品拿出来，加在一起共同分享。

游戏小贴士

◆ 这个游戏适合全家人一起玩。

◆ 如果孩子起初不愿分享自己的物品，父母不要强迫孩子，可以给他做示范，让他看到分享的好处。通常来说，当孩子感受到分享的乐趣后，他会主动加入到游戏中来。

◆ 在日常生活中，父母可以有意识地引导孩子的行为，让他学会分享。

游戏拓展

用笔画两条线，将桌子上的食物平均分给每一只小猫。

守护蛋宝宝

激发同情心

难度指数

★★☆☆☆

游戏目的

激发孩子的同情心

游戏准备

几个比较完整的蛋壳

游戏步骤

1.将蛋壳清洗干净、晾干后，和孩子一起画上眼睛、嘴巴，涂上一些漂亮的颜色，将蛋壳做成可爱的蛋宝宝。

2.将蛋宝宝分别放在不同的地方，例如水池边、桌子下，房间的角落里。

3.和孩子一起寻找蛋宝宝，发现蛋宝宝后对孩子说“蛋宝宝的家太糟糕了，我们给它找一个新家吧”，然后让孩子将蛋宝宝放在干净、安全的地方。

4.用同样的方法找到其他蛋宝宝，并让孩子将它们安置好。

游戏小贴士

◆ 在游戏过程中提醒孩子：“蛋宝宝很脆弱，我们要轻轻地拿起、放下。”这样有助于激发孩子的同情心。

果皮回家啦

学会爱护环境

难度指数

★★★☆☆

游戏目的

让孩子学会爱护环境

游戏准备

一些水果，如苹果、橘子、香蕉等

游戏步骤

1.将水果的皮削掉或剥掉，随意放在桌子上、地板上，然后将水果切成小块，做成果盘。

2.看着桌面和地板上的水果皮，和孩子说“哎呀，水果皮跑得到处都是，快叫它们回家吧”，让孩子主动将果皮放入垃圾桶。

游戏小贴士

◆当孩子将果皮收拾干净后，要记得提醒他洗手。另外，还可以让孩子将水果分给家人，练习分享。

◆无论是在家里，还是在户外，父母都要有意识地培养孩子爱护环境，提高孩子的公德心。

游戏拓展

请将房间里的垃圾用笔圈出来。

小草不哭

懂得爱护植物

难度指数

★★★☆☆

游戏目的

培养孩子爱护植物的意识

游戏准备

找一个适合散步且绿化较好的地方

游戏步骤

1.带孩子到户外散步，路过草坪的时候，将“爱护草坪”的指示牌指给孩子看，并告诉他“小草很柔弱，不能随便乱踩”。

2.和孩子一起蹲在路边，仔细观察面前的小草有什么特点。

3.让孩子伸手触摸小草，亲自感受小草的柔弱，这样可以激发孩子内心的同情心。

4.如果发现倒伏的小草，可以让孩子将小草“扶”起来，并轻声安慰小草。

游戏小贴士

◆ 在家里，父母可以和孩子一起种一些简便、易活的花草，让孩子体会生命的意义，这样有助于激发孩子内心的保护欲。

◆ 平时父母要培养孩子爱护植物的意识，不要让孩子随意攀折花草树木。

我和小狗交朋友

培养纯真的爱心

难度指数

★★★☆☆

游戏目的

培养孩子纯真的爱心

游戏准备

一个小狗毛绒玩具

游戏步骤

1.让孩子用手摸一摸小狗，观察孩子的反应。

2.录一段小狗的叫声，让孩子认识小狗的声音。

3.准备一些关于小狗的卡片或画册，让孩子认识各种各样的小狗。

4.当孩子对小狗熟悉一些后，问一问孩子："你喜欢小狗吗？和小狗交个朋友吧？"

5.如果孩子很喜欢小狗，父母可以让他尝试接触真正的、温和的小狗。

游戏小贴士

◆ 在让孩子接触小动物之前，最好先用玩具测试一下孩子的反应，以免孩子对动物存有恐惧感。确定孩子对动物不抵触后，再慢慢让孩子接触真正的动物。

◆ 父母可以带孩子到动物园，扩展孩子的认知。

故事讲到哪里了

提升共情能力

难度指数

★★★★☆

游戏目的

让孩子用同理心感受故事内容，提升共情能力

游戏准备

一本孩子喜欢的故事书或绘本

游戏步骤

1.父母和孩子找一个安静的地方坐下来，然后给孩子讲他喜欢的、情节比较起伏的故事。

2.在讲故事的过程中，父母要声情并茂，并适当停顿，叫孩子消化理解故事。

3.等孩子熟悉故事后，父母可以在讲的过程中提一些问题，问问孩子主人公为什么这么做，听听他的想法。

游戏小贴士

◆ 这个游戏不适合晚上睡前玩，因为容易导致孩子心情过于激动，不利于睡眠。

◆ 如果孩子喜欢，可以重复讲一个故事，这样还有助于加强孩子的记忆力。

PART 05

性格与心理

让孩子走上正轨

MONTESSORI
EARLY EDUCATION
GAMES IN FAMILY

听一听
蒙台梭利怎么说

精神的滋养

幼小的婴儿和正常的儿童对周围的事物并不冷漠，而是拥有一种深深的热爱。他们具有一种自然倾向，就是要充分使用他们的多种感官功能。这就像饥饿的人要寻找食物，或者像人们为了满足物质需要而渴望获得某种东西一样。这种渴求并不是发自理性的。比如，当我们已经吃饱的时候就不会说："我已经很长时间没有吃东西了，再这样下去，我就不能保持体能，甚至可能活不下去了，所以我需要吃一些有营养的食物。"很明显，饥饿是很痛苦的，它会促使我们去寻找食物。同样，儿童对周围的环境也有一种饥饿感。他们寻找的是能填补心灵饥饿的"食物"，而能为他们的心灵提供营养的就是儿童的活动。

我们应该像初生的婴儿一样去渴望"精神的滋养"。人类拥有一种与生俱来的渴望滋养的动力，本能地热爱着周围的环境。然而，如果用"充满激情"来概括儿童对周围环境的热爱，也并不十分准确。因为"激情"是一种转瞬即逝的冲动，而儿童的"热爱"更像是一种推动力。这种推动力应该被称为人们能够感受到和体验到的维持生命所必需的推动力。就是这种热爱周围环境的活力促使儿童不停地活动。这种能驱动儿童的热情，就像氧气在他体内产生的热量一样。富有活力的儿童总会让人们觉得，他们正生活在一个能帮助他们实现自我的适宜的环境中。反之，他们就会总是处在虚弱、乖戾和与世隔绝的状态中，依赖他人、缺乏理智、容易被错误观念困扰，甚至发展成一个社会化不足的“怪人”。

占有欲

有些儿童没有从促进自身发展的活动之中获得动力，那他们可能就会完全被“物品”所吸引，而希望占有它们。因为将物品拿走并保存起来并不需要知识和热爱，是很容易做到的。可是这同样会消耗儿童的心理能量，他们有限的心力就这样被分散和转移了。如果这些儿童看见一块金表，可能就会说：“我要它。”其实，他们可能还没有学会认时间。与此同时，另一个有此特征的儿童也会叫起来：“不，它是属于我的。”两个孩子就这样准备为一块金表而打架，也不管会不会把金表弄坏。他们用这种手段进行竞争，当然也毁坏了他们渴望拥有的东西。

其实，人们在爱和拥有之间做出的最初选择决定了他们是否会在心理上偏离正轨。当一个人做出了选择，就会沿着他认定的道路向前走。儿童展现出的某种本能，就像章鱼伸出触角一样，使他们迫不及待地去抓住自己想要的东西，甚至不惜破坏。他们会紧紧地抓住这些东西，像保卫自己的生命一样保卫它们。当他们都想占有同一个东西时，强壮而充满活力的孩子就会通过打架来战胜其他孩子，保卫自己的财产。因为这些孩子常常会有共同的欲望，所以就会经常吵架。这只会造成儿童冷酷无情的态度和总为小事争吵的痛苦。而成人对这种争执却满不在乎。发生这种情况是由于一个人的自然能量被转移了，是人们内心的黑暗导致了占有欲的产生，和外界的物质条件没有关系。

儿童道德训练的一个重要内容就是训练儿童不要依附于物质的东西。这种教育是以尊重他人的财产为基础的。当儿童对某样物品产生了依赖时，他们就偏离出了那座连接着自己与内心生活的“桥”，就会因此而希望得到外物的帮助。如果这种欲望渗透到儿童的思想中，就会让人们觉得这是儿童的一种本性。

性格沉默的儿童也会把注意力转向没有价值的东西，只是他们是以不同的方式去占有物品的。他们不善争吵，也不易与他人发生冲突。他们大多会将物品收集起来藏好。这些儿童往往被视为收藏家，虽然他们并不会把物品分类，而且他们收集的物品总是种类繁多，相互之间也没有联系。有些智力有缺陷的成人和犯过罪的少年，口袋里经常会装有一些没用的或不相关的东西。这些人拥有一种他人无法理解的收藏癖好。内向和沉默的儿童也会进行类似的活动，可他们的表现却被认为是完全正常的。这些儿童会尽全力保护这些东西，不让他人抢走。

关于这种收藏的偏好，心理学家阿德勒有一种有趣的解释，他认为这种情形就像成人的贪婪。在婴儿期，它的萌芽就可以呈现出来。一个人对那些没有用处的东西的欲望会像一剂致命的毒药，会使自己因失去基本平衡而陷入混乱。可父母在看到孩子保护自己的财产时，却会感到非常高兴，并将其视为人的一种本性、社会的一个重要因素。人们往往都能够理解和认同儿童具有的这种占有欲和收藏的习惯。

支配欲

支配欲是另一种偏离正轨的心理，它跟占有欲有关。人类由于本能地热爱环境，便会表现出一种力量，想占有外界的环境。然而，当这种力量不是在心理发展过程中自然地产生的，它就会发生畸变，成为贪婪。

当一个偏离正轨的孩子感到有一个强大有力、无所不能的成人在身边时，他就会进入良好的感觉状态。儿童意识到要利用成人的能力来提升自己的能力。他们开始借助成人的帮助来完成超越自己能力范围的事情。我们完全可以理解儿童的这种做法。所有的儿童都会受到这种潜移默化的影响。这种做法很难得到纠正，而儿童会认为它是完全合理的。

其实，这是儿童使用的典型策略之一。特别是软弱、无助的儿童，他们会觉得这是一种非常自然、合理的做法。当发现一个强大有力的成人可以帮助他们时，他们就会采取这样的策略。他们会提出一些在成人看来不合理的要求，而他们的欲望是无边无际的。在富有想象力的儿童心中，万能的成人可以实现他们的所有愿望，即使他们的愿望是极其奢侈和变化无常的。

在儿童眼里，成人无论是高是矮，是胖是瘦，他们总是强大有力的。儿童开始根据自己的愿望支配成人时，成人或许会因为自己给儿童带来了幸福而感到高兴，但之后他们终将会因为一次次的妥协受到惩罚。

当儿童的第一个要求得到满足后，他们就会接下去期待第二次胜利。成人做出的让步越多，儿童的欲望就会越多。最终，成人一味地迁就和妥协将会纵容儿童欲望的无限发展，从而带来不可挽回的严重后果。毕竟，成人满足儿童物质需要的能力是有限的，而儿童对物质的渴望却是没有止境的，最后成人与儿童将产生矛盾，甚至导致剧烈的冲突。当儿童的任性变为成人的灾难，成人才会突然意识到自己的错误，然后发出感慨："是我宠坏了自己的孩子。"

一个听话的孩子也有支配成人的方法。他会用情感、泪水、恳求、忧郁的目光，甚至一种自然魅力来征服成人。成人会向这种儿童妥协，直到他们无法给出更多的东西，儿童会因此而觉得痛苦，并出现各种偏离正轨的问题。这时候，成人才会察觉出是自己的所作所为造成了儿童的缺陷，然后开始努力寻找解决问题的方法。

但是，纠正儿童任性的方法是很难找到的。教导和惩罚都是无效的。这就像命令一个发高烧、神志不清的人必须退烧否则就要揍他一样。然而，当儿童屈服于成人时，虽然可以说明成人没有娇惯孩子，但是他们却阻碍了孩子的自然发展，让他们走上了另一条歧途。

自卑感

有时候，成人对儿童表现出了轻视，而他们自己却没有意识到。一位父亲可能觉得自己的孩子漂亮完美，还可能会以他为骄傲，并对他的未来充满了殷切的期望，但是，似乎总有一种神秘的力量控制着他的言行，让他对孩子表现出不信任，或产生一种模糊的看法，认为孩子一无所知又有缺点，需要成人进行指导和教育。这就促使成人对儿童产生一种轻视。在他眼里，弱小的儿童就是自己的附属品，他按照自己喜欢的方式来对待儿童。连他不愿在其他人面前表现出的自觉可耻的言行，都可以无所顾忌地表现在孩子的面前。在家庭中，他用父亲的权威掩饰自己的贪婪和暴虐，不断对儿童的自尊造成伤害。

所以，儿童将会持续处于受挫的情绪状态中，他们会认为自己在别人眼里是不能被依赖的人，是爱惹祸的人。而他们也会觉得自己没有能力，还比不上那些禁止他们接触的东西珍贵。

我们应该改变这样的做法。成人应该允许儿童接触各种东西，在工作中使用它们。而且成人还应该让儿童在做的过程中采用一种适当的、持续稳定的方式。所有这一切都对儿童的人格发展具有重大意义。成人不会去刻意留心自己在日常生活中的习惯性行为，因为那就是他们生活的一部分。一个成人早晨起床后，就知道他必须做什么，并一项项按照规律完成他的日常行动。这似乎是世界上最容易做的事情。他的先后动作几乎都是自动的，就像自然地呼吸和心跳一样。

儿童也必须形成自己的行为习惯。但是，人们却很少对他们连续的行为过程给予尊重。有时，成人认为散步的时间到了，就会打断正在游戏的儿童，将他们打扮一番带出去。有时，一个孩子正在进行自己的工作，比如往一只桶里装石块，这时母亲的一位朋友来做客，母亲就会让孩子停下手里的活动跟她去见客人。成人总是这样突然地闯进儿童的世界，不断地打扰他们的各种活动。

强势的成人指挥着儿童的生活，却从不跟儿童商量，他们不顾及儿童的需要，导致儿童误以为自己的活动是没有意义的。而事实却恰恰相反，如果儿童看到成人在讲话，在打断他们之前，他一定会说“如果你愿意的话”或者“如果你可以的话”这样的话，即便是对一位仆人，他们也会如此。结果，儿童感到自己跟其他人是不同的，认为自己没有价值，应该服从他人。

我们已经发现，只有在心中做好计划，我们的行为才能具有连贯性，这是儿童发展的重要一点。终有一天，成人要告诉儿童，他们必须对自己的行为负责。而能够透彻理解各种行为之间的关系，正确地判断它们所具有的意义，才能使儿童产生责任感。

在成人不尊重儿童的情况下，儿童只能感到他们做的所有事情都是没有价值的。一位父亲可能会因为没能成功培养儿子的责任感和自我控制能力而难过，其实他或许恰恰就是破坏孩子行为连续感和自尊感的人。这个孩子的心里可能深藏着一个固执的念头，觉得自己很笨拙和没有能力。其实，要想承担责任，每一个人都必须成为自己行为的主人，并信心饱满地面对自己。

一个人之所以会沮丧，最大的原因就是他固执地认为自己没有做某些事情的能力。一个瘫痪的人一定不希望跟一个完全健康的人赛跑，一个普通的人也不会想去跟职业拳击手比试拳击。无法取胜的感觉会让他们在比赛之前就失去所有的勇气。

由于成人不断地给儿童消极的暗示，会使他们认为自己是软弱的，他们的行动欲望必然会因此受到压抑。不仅仅如此，成人在阻止儿童活动的同时，还会不断地对他们说："你没有能力做那件事，任何这样的尝试对你都是没有意义的。"有些粗暴的成人甚至会更加严厉地训斥儿童："傻瓜，你在做什么？你难道不知道自己做不了那件事吗？"这种做法不仅是在阻碍儿童的工作，扰乱他们行为的连续性，而且还是对儿童的一种羞辱。

这些做法强化了儿童自卑的心理，他们会认为不仅自己的行为是没有意义的，而且他们本人也是笨拙和差劲的。这种想法就是儿童缺乏勇气和自信的心理根源。如果一个成人遇到比自己更强势的人阻碍他做自己喜欢的事情时，至少他会寄希望于将来可能出现另一个比自己软弱的人，那时这个人将不会再阻止他做自己喜欢的事情。可当一个成人使儿童相信了自己是无能的，那么孩子的整个心灵都将被乌云所笼罩，他们会陷入一片冷漠和恐惧之中。

在这种情况下，儿童的内心就会形成一种障碍，就是我们所说的“自卑感”。自卑感会深深地扎根在儿童内心深处，无休止地带给他们自卑的烦恼和冲突，使他们在生活中总是觉得自己无能或比别人差。

自卑感会带来很多痛苦。胆怯、犹豫不决、退却、爱哭，甚至绝望，这些都是自卑心理造成的。相反，正常的儿童最突出的特征就是自信，并能把握自己的行为。

恐惧

人们认为儿童感到恐惧是很正常的。其实，这种心理也是偏离正轨的。人们还认为恐惧跟儿童身处的环境没有关系，只是儿童心理失衡的一种表现。也就是说，儿童觉得恐惧就像感到害羞一样，是他们性格的组成部分。有些儿童非常胆怯，就像被强烈的恐惧气氛所笼罩一样；还有一些儿童，他们勇敢、充满活力、能够面对危险，可他们有时也会害怕一些在他们看来神秘、奇怪和不可战胜的事物。这种态度可能源于他们以前见到的一些印象深刻的东西。比如，不敢过马路、担心床底下有猫或者害怕看到鸡等，这些恐惧很像精神病专家在成人身上发现的病态恐惧症，它经常在那些比较依赖成人的儿童身上出现。成人有时利用儿童缺乏知识和经验的弱点，以模糊的恐惧吓唬他们，迫使他们听从自己的命令。这是成人对付儿童的手段中最不可取的一个。因为它通过随处可见的恐怖形象强化了儿童与生俱来的对黑暗的恐惧。

只要能促进儿童接触现实，体验和理解他们所处的环境，就能帮助他们摆脱这种紊乱的恐惧心理状态。我们创办的学校希望实现儿童的正常化，而它最初取得的一项成果就是消除儿童潜意识里的恐惧。

“恐惧的心理”与面临危机时由自我保护的本能所产生的畏惧不同。儿童出现畏惧心理的情况比成人少，这不仅仅是由于儿童遇到的危险比成人少。可以说，儿童能比成人更迅速地以自然状态面对危险。其实，给儿童造成危险的往往是他们自己。街上的流浪儿会去偷汽车或卡车上乘客的钱，乡村里的孩子会爬树或沿着陡坡向下冲，他们还能跳进河里甚至海里自己练习游泳。在无数次拯救或试图拯救同伴的行动中，儿童更是表现出了无比的勇敢。我们几乎每天都能从报刊上读到青少年的种种英雄行为。

正常化不是要将自己置于危险之中，而是要让儿童形成一种谨慎的态度，能够意识到危险并掌控危险，进而在危险的情境中也可以生存下去。

说谎

偏离正轨的心灵，就像枝丫纵横的植物，会向四面八方伸展开去。但这些枝干都来自深埋在地下的同一条根。在那里，我们能找到儿童“正常”的奥秘。在教育中，存在一个常见的错误认识，就是认为各种偏离正轨的心理是互不相关的。

说谎是一种最严重的错误。欺骗就像掩蔽着心灵的外套，如同一个人的所有服装一样，可以进行各种不同的伪装。各种各样类型不同的谎言都有自身的意义和重要作用。有的谎言是正常的，有的谎言是病态的。20世纪的精神病研究者针对患有歇斯底里症的病人进行研究时，对他们表现出的不能自控的说谎行为十分关注。在这些病人中，大部分人都说谎，严重的甚至每一句话都是谎话。人们还注意到儿童在青少年法庭上的说谎现象，包括儿童被传唤做证时说谎的概率。

儿童的心灵是纯洁的，当他们带着真诚的伪装说谎时，会表现出无法平静的状态。进一步的研究表明，这些儿童其实想说真话，他们由于心理紊乱而产生说谎的行为，可这时情绪的波动又进一步加剧了他们内心的紊乱。隐瞒真相的谎言，有些是经常性的，有些是偶然发生的。不管怎样，它们都跟儿童为了保护自己而说谎的情况是不同的。

正常的孩子在日常生活中也会说这种谎话。它可能由儿童充满幻想地描述一种事物而产生，也可能是对其他人认为真实的事物的一种夸张。这种谎言不是以个人利益为目的的，也不是儿童真的想要欺骗他人。它就像一次投入角色的表演一样，可能只是采用了一种艺术的手法。

与之相反，软弱和胆怯的儿童说谎大多是由于一时的冲动。他们说谎就像条件反射一样，是一种防御手段，并没有经过仔细琢磨。这些谎言都是临时编造的，天真可笑，通常都很容易辨别。

有些老师只想到要跟谎言做斗争，却没有注意到这种谎言的起因。它们体现了儿童在成人强势进攻下的自我保护。而这些说谎的儿童却会因为软弱、不知羞耻和不能完成被安排的任务而受到责备。

欺骗是出现在儿童时期的一种智能现象，它会随着儿童成熟的过程而变得有条理。很多人都认为，欺骗对人类社会发挥着极为重要的作用，就像人们的衣服一样不可或缺，甚至有时是美丽的。

说谎并不能奇迹般地消失，我们可以改造它，但无法转变它。清晰的思想、与现实的接触、精神的自由以及对善良和崇高的渴望，都能够帮助儿童改造心灵。

分果果游戏

改善占有欲

难度指数

★★☆☆☆

游戏目的

改善孩子的占有欲

游戏准备

一些孩子喜欢的水果，如西瓜，并将水果切成小块，装在盘子里

游戏步骤

1.家人一起围坐在桌前，妈妈可以对孩子说："这里有好多水果，你能将它们分给大家吗？"

2.如果孩子不愿意和大家分享，父母可以用其他有趣的物品来引导孩子，并对孩子说："我愿意和你玩这辆小汽车，你愿意和我分享你的水果吗？"

3.让孩子自行分配水果的数量，当孩子分配完毕后，要对他说"谢谢"。

游戏小贴士

- 这个游戏适合全家人一起来玩。
- 平时，父母要关注孩子的行为，了解孩子的占有欲。如果孩子起初不愿分享自己的物品，父母也不要强迫、指责他，而要用恰当的方法引导孩子的行为。当孩子的心智成熟一些后，占有欲会慢慢得到改善。

游戏拓展

每个小朋友都想吃水果，分哪一盘水果才是公平的呢？

我们来工作

消除神游现象

难度指数

★★★☆☆

游戏目的

帮助孩子消除神游现象，培养孩子的专注力

游戏准备

一些玩具

游戏步骤

1.将玩具放在房间的各个角落，然后列一份玩具名单。

2.当孩子想要玩玩具的时候，告诉孩子“玩具们藏起来了，我们的任务就是将它们找出来”。

3.告诉孩子名单上有哪些玩具，它们藏在哪些地方，让孩子将它们找出来。

4.当孩子将所有的玩具找出来后，工作就算结束了。孩子可以随意玩这些玩具，但是最后要将玩具整理好。

游戏小贴士

- 在孩子工作的时候，父母不要打扰他，让孩子独自完成任务。
- 父母还可以通过一些生活小事来训练孩子的专注力，让孩子在做每件事的时候都有一个目标，这样有助于消除神游的现象。

说东向西

调节抵触情绪

难度指数

★★★★☆

游戏目的

调节孩子的抵触情绪

游戏准备

这个游戏不需要特别准备

游戏步骤

1.这个游戏的规则是，按照指令的相反意思执行任务。例如，爸爸说“请把房间的门打开”，妈妈则回答“我要将它关上，不让外人进来”，同时把门关上。

2.父母可以对孩子说“让玩具散在地上”，请孩子回答“我要将它们收起来，不让它们到处跑”，并让孩子按照自己的话来做。

3.父母可以和孩子互换角色，让孩子体会反向做事的感觉。

游戏小贴士

◆ 经常玩这个游戏，可以将孩子消极的抵触情绪变成一种积极的工作态度，父母可以利用孩子的逆反心理，将孩子的行为引到正轨上来。

游戏拓展

父母说出指令，如“将第一排第二只小狗涂成黑色”等，让孩子按照指令涂色。

请你帮帮我

减轻依赖心理

难度指数

★★☆☆☆

游戏目的

减轻孩子的依赖心理

游戏准备

这个游戏不需要特别准备

游戏步骤

1.将书柜中的书拿出来，分好类放在一边。将书重新放回书柜中时，请孩子来帮忙，对孩子说："你能帮我把书递过来吗？"

2.晒衣服的时候，请孩子帮忙把衣服展开。如果孩子主动要求挂衣服，可以给他一些衣架，让他尝试做一做。

3.讲故事的时候，对孩子说："你能给我讲这个故事吗？"父母和孩子互换角色，由孩子来讲、父母来听。

游戏小贴士

◆ 这个游戏非常随意，随时可以和孩子来玩。

◆ 请孩子帮忙做事，能够发掘孩子的潜能，让孩子看到自己的能力，这样有助于减轻孩子的依赖心理。

游戏拓展

请给下图涂上颜色。

勤快的小手

远离懒惰心理

难度指数

★★★★☆

游戏目的

让孩子远离懒惰心理

游戏准备

一个可以换装的洋娃娃

游戏步骤

1.将娃娃的衣服脱下来，整齐地放在一边。

2.让孩子给娃娃穿衣服，不要给孩子提供任何帮助，让他独立完成。

3.给娃娃穿好衣服后，对孩子的行为进行鼓励，并让他在以后的生活中自己穿衣服。

游戏小贴士

◆在日常生活中，父母要尽可能让孩子独立完成一件事，例如吃饭、穿衣等，不要代劳所有的事情。

◆父母还可以鼓励孩子做一些简单的家务，如扫地、倒垃圾等，让孩子养成勤劳的好习惯，避免懒惰心理滋生。

我来赞扬你

学会尊敬他人

难度指数

★★☆☆☆

游戏目的

激发孩子内心的学习欲望，让孩子学会尊敬他人

游戏准备

一张A4纸

游戏步骤

1.在纸上画一个圆形，然后让孩子发挥想象力，将圆画成其他的图案。

2.热情地称赞孩子的表现，如对孩子说“你真厉害，你真棒”。

3.让其他小朋友在孩子画好的图案上继续作画，将图案变得更漂亮，然后让孩子称赞对方“你真厉害，你真棒”。

4.给孩子们提供充足的表现空间，让大家互相学习、互相称赞。

游戏小贴士

◆ 这个游戏非常适合几个小朋友一起玩，对激发孩子的学习热情具有显著效果。

◆ 在日常生活中，父母要对孩子的优秀表现给予恰当的赞扬，并鼓励孩子赞扬其他小朋友，向更优秀的人学习。

点名游戏

克制急躁的行为

难度指数

★★★★★

游戏目的

让孩子学会克制急躁的行为

游戏准备

请孩子的小伙伴到家里做客，来玩这个游戏

游戏步骤

1.让孩子们用自己喜欢的事物来给自己命名。

2.让孩子们安静地待在同一间屋内，端正地坐好。

3.大人在屋外用非常细微的声音来召唤孩子，被点到名字的孩子要轻轻地走出房间，来到大人身边，其他孩子则要保持原来的姿势待在屋内，不能说话。

4.为了增加游戏乐趣，大人可以根据孩子的名称编一些有趣的歌谣，如“小白兔在哪里？小白兔快出来”。

游戏小贴士

◆这个游戏适合几个小朋友一起玩。

◆在点名的时候，父母要仔细观察孩子的行为，从中了解孩子的自控能力。

小检察官

缓解怀疑心理

难度指数

★★★★★

游戏目的

缓解孩子的怀疑心理，带给孩子安全感

游戏准备

这个游戏不需要特别准备

游戏步骤

1.让孩子扮演“检察官”的角色，请孩子帮忙检查周围的环境，问一问孩子：“房门关好了吗？”孩子确认后回答：“关好了，请放心。”

2.请孩子监督父母从衣绳上摘衣服，并将衣服整齐地放入衣柜。

3.大约5 分钟后，问一问孩子：“衣服收拾好了吗？”孩子确认后回答：“收拾好了，请放心。”

4.用这种方法请孩子确认一些事，让孩子加深“放心”的印象。

游戏小贴士

◆这个游戏可以为孩子营造安全的家庭环境，对孩子的成长有帮助。让孩子主动“见证”事情的发展，有助于减少孩子心中的疑惑。此外，父母平时要多关注孩子的表现，消除孩子心中的不安。

游戏拓展

观察第一行图片，想一想接下来会发生什么，用线把将要发生的场景连起来。

自己来动手

控制支配欲

难度指数

★★★☆☆

游戏目的

控制孩子的支配欲

游戏准备

一个带拉链的包，孩子喜欢吃的食物

游戏步骤

1.当着孩子的面将食物放进包中并将包的拉链拉好，然后放入柜子中。

2.告诉孩子："你最喜欢吃的东西装在书包里，如果你想吃，就从柜子中把书包拿出来吧！"

3.如果孩子想要让父母代劳，父母要告诉他，他必须自己去拿，并且要自己拉开包的拉链，将食物取出来。

游戏小贴士

◆ 父母可以适当将书包放得高一些，让孩子刚刚能够到，这样还可以训练孩子的意志力。

◆ 除了食物，父母还可以用其他物品来吸引孩子的注意力，不过这些物品一定要是孩子感兴趣的东西。

我带你参观

培养自信

难度指数

★★★★☆

游戏目的

消除孩子的自卑感，让孩子变得自信

游戏准备

带孩子到户外，选择一个孩子熟悉的场所，如小区里的公园

游戏步骤

1.让孩子扮演“导游”的角色。

2.父母可以对孩子说“你能带我参观一下这里吗”，然后让孩子带父母到他熟悉的地方去。

3.参观结束后，父母要对孩子说“你真棒，现在你能带我回家吗”，请孩子找出回家的路。

游戏小贴士

- 平时父母应该多让孩子接触周围的人和事，培养孩子的自信心。
- 当家里来客人的时候，父母也可以让孩子带着客人参观自己的家，这样也可以达到培养孩子自信心的目的。

游戏拓展

请按照线路图将入口和出口连起来。

营救洋娃娃

训练胆量

难度指数

★★★★☆

游戏目的

训练孩子的胆量

游戏准备

1. 这个游戏适合在晚上玩

2. 在游戏开始之前，打开卧室的灯，将洋娃娃放在房间的最里面

游戏步骤

1.和孩子站在卧室门口，让孩子看到洋娃娃的位置，并让孩子仔细观察房间，以确定房间内很正常。

2.将灯关掉，并对孩子说“天黑了，洋娃娃怕黑，快去将它救出来吧”。

3.当孩子把洋娃娃带出来后，要给予赞扬，如“你真勇敢”等。

游戏小贴士

◆ 在游戏开始前，先让孩子在开灯的情况下确认房间的环境很重要，这样可以培养孩子谨慎的态度，并适当消除了孩子对黑暗的恐惧。经常玩这个游戏，还能为孩子今后一个人睡打下基础。

游戏拓展

请找出哪一条路线可以救出洋娃娃。

谁拿了我的东西

改掉说谎的毛病

难度指数

★★★★★

游戏目的

让孩子改掉说谎的毛病

游戏准备

1. 这个游戏适合家人和孩子一起玩

2. 每个人准备一件物品，并将物品集中放在一起

游戏步骤

1.所有人先离开房间，然后其中一个人回到放物品的房间，在没有其他人监视的情况下，挑选一件物品藏起来。

2.每个人都用这种方法藏一件物品。

3.所有物品藏好后，大家回到原地，并开始提问“谁拿了我的东西”。

4.如果有人回答，提问的人就按照对方的回答去找，找到物品后，夸赞对方“你很诚实”。如果有人撒谎，就请他重新回答，直到说真话为止。

游戏小贴士

◆ 在游戏中，父母可以设置一些场景，例如，爸爸故意说谎，让孩子因找不到物品而着急，让他感受一下说谎带来的后果，这有助于孩子改掉说谎的毛病。

◆ 日常生活中，父母要时刻注意孩子的言行，如果发现孩子说谎，要

用正确的方式引导他，让他意识到自己的行为不妥。此外，父母要给孩子树立诚实的榜样。

游戏拓展

小狗的冰激凌不知被谁拿走了，它的冰激凌是草莓味和蓝莓味的，上面还撒了七彩糖。请帮小狗找出拿了他冰激凌的小动物吧。